Rolf Redlin

Sprachlos

Roman

Männerschwarm Verlag
Hamburg 2014

Bibliografische Information der Deutschen Bibliothek
Die Deutsche Bibliothek verzeichnet die Publikation in der Deutschen Nationalbibliografie; detaillierte bibliografische Daten sind im Internet über http://dnb.ddb.de abrufbar.

Rolf Redlin
Sprachlos
Roman

Umschlaggestaltung: Carsten Kudlik, Bremen,
Umschlagfoto: © shotbydave, iStockphoto.com
Druck: Interpress, Ungarn
1. Auflage 2014

ISBN der Printausgabe 978-3-86300-164-4
ISBN des E-Books 978-3-86300-173-5

Männerschwarm Verlag GmbH
Lange Reihe 102 - 20099 Hamburg
www.maennerschwarm.de

1

Draußen, jenseits der Zeltbahn, tanzten die Mücken. Hauke wälzte sich auf der Isomatte hin und her und lauschte in die Nacht hinein. Ab und zu kläffte in der Ferne ein Hund, sonst war da nichts als das Sirren, das kein Ende nehmen wollte. Drei Flaschen Bier hatten ihn nicht müde gemacht, ganz im Gegenteil. Nun lag er hier, in einem fremden Zelt, das er sich mit einem ebenso fremden Mann teilte, der gut zehn Jahre älter war. Er selbst wäre auch gern schon zehn Jahre älter. Ein erwachsener Mann, der allein seine Dinge regeln konnte. So einer wie Olaf, der neben ihm lag und leise schnarchte, in den Schlafsack gemummelt.

Seine Nase begann zu jucken. Hauke scheuerte sich das Gesicht. Erst sanft, dann stärker, bis es wirklich brannte. Wie er es hasste. Nichts aus dem Fernsehen half, weder die Waschlotion noch das Gesichtswasser. Erst kamen die Pickel, dann die Narben. Du darfst nicht kratzen, hatte Oma gemahnt, Mädchen mögen keine Jungs mit Narben im Gesicht. Er zögerte und hielt einen Moment inne.

Ach was. Ausdrücken die Dinger, weg damit. Auf eine Narbe mehr oder weniger kam es ohnehin nicht mehr an. Sein Gesicht sah längst aus wie eine Tiefkühlpizza, die man statt in den Backofen in die Mikrowelle geschoben hatte.

In fremder Umgebung hatte er noch nie schlafen können, jedenfalls nicht in der ersten Nacht. Auch auf Klassenreisen war das stets so gewesen. Lag er erst im Bett, pflegten die Gedanken Fahrt aufzunehmen, selbst wenn er noch so erschöpft war. Sie schwirrten in seinem Kopf wie draußen die Mücken; drehten und drehten sich unaufhaltsam weiter.

Der kurze Schmerz hatte das Kreisen nicht aufhalten können. Die Fahrt auf Olafs Motorrad ging ihm nicht aus dem Kopf; manchmal dachte er, er säße noch immer auf dem Sozius. Stützte sich nach hinten am Gepäckträger ab. Die Arme um Olafs Hüften zu schlingen, traute er sich nicht. Ganz so, als fürchtete er, dann einen elektrischen Schlag zu bekommen. Einen anderen Mann berührte man nicht, es sei denn, man war Friseur, Arzt oder wollte sich prügeln. Was, wenn er dabei die falschen Stellen erwischte? Aber als Olaf dann zum Überholen ansetzte, die Maschine raketengleich voranschoss, langte er im Reflex zu und klammerte sich an ihm fest. Ab und zu packte Olaf ihn während der Fahrt am Oberschenkel, kurz und kräftig. Wie um sich zu vergewissern, ob er noch da war. Tatsächlich wäre er einmal beinahe eingenickt. Das monotone Vibrieren der Maschine hatte etwas Einschläferndes, und nach stundenlanger Fahrt fühlten sich die Beine ganz taub an.

Als Kind hatte Oma ihm geraten, das Karussell im Kopf einfach auszubremsen. Solltest du mal nicht einschlafen können, dann konzentrier dich. Denk an etwas anderes. Aber wie sollte das gehen; mal eben schnell an etwas anderes denken. Es gab schon tagsüber kein Entrinnen vor Olafs Präsenz, der locker einen halben Kopf größer war und selbst gedrehte Zigaretten rauchte, obwohl doch jeder wusste, dass das ungesund war. Der vom Motorrad stieg und einfach am Straßenrand pinkelte, auch wenn weit und breit kein Baum zu finden war. Und der nur ein T-Shirt unter der Lederjacke trug. Selbst hier, in ihrem winzigen Kuppelzelt, markierte er den Luftraum mit dem Aroma des zehn Jahre älteren Mannes.

Plötzlich drehte sich der Kerl neben ihm, wühlte und schnaufte. Hauke erstarrte. Etwas streifte ihn an der Schulter, ein Ellenbogen vielleicht. Er hielt die Luft an, sehnte einen weiteren Kontakt herbei und fürchtete ihn zugleich. Jeden Moment erwartete er die Berührung. Und was, wenn sie mehr wäre als ein zufälliges Streifen?

Doch stattdessen begann Olaf zu schnarchen. Laut zu schnarchen. Auch das noch. Hauke spähte zur Seite, sah die Umrisse der Nase. Olaf lag auf dem Rücken; das Sägen würde so rasch nicht aufhören. Hauke drehte sich um und zog den Schlafsack über die Ohren. Er schloss die Augen ganz fest und presste die Lider aufeinander.

Von nun an würde er wirklich an rein gar nichts mehr denken. Schluss, aus, basta.

2

Hauke band die Krawatte zu einem lockeren Knoten, klappte den Hemdkragen herunter und schaute prüfend in den großen Spiegel neben der Wohnungstür. Zufrieden und ein klein wenig nervös setzte er sich zu seiner Frau in die Küche.

Stumm bestrich Birgitt eine Scheibe Roggenknäcke mit Nutella und reichte sie ihm über den Tisch. Während das Brot in seinem Mund krachte, sah er sie an. Ihre Haare waren noch strubbelig von der Nacht. Sie trug das überlange altrosafarbene T-Shirt, in dem sie geschlafen hatte. Hatte sie es eben überhaupt ausgezogen? Sie hatten sich noch einmal geliebt, schnell und hastig. Immerhin musste es für mindestens fünf Tage langen. Nein, aufs Ausziehen hatten sie verzichtet.

«Hast du alles?», flüsterte sie.

Hauke nickte und schluckte den letzten Bissen hinunter.

Sie wischte ihm mit dem Zeigefinger einen Rest Nutella aus dem Mundwinkel und gab ihm einen Kuss. Noch verströmte sie ein wenig Parfum vom Vortag. «Das Fahrrad auch? Denk an den Helm …»

«Mmh …» Hauke nickte. Um das Mountainbike hatte er sich gestern schon gekümmert. Die Abende waren ihm in der ersten Woche verdammt lang geworden, so ganz allein vor dem Fernseher. Und ein wenig Bewegung konnte nie schaden.

Im Flur stand die Reisetasche mit den sauberen Klamotten, die Hemden gebügelt. Vielleicht würde er sich im Osten eine

Reinigung suchen, auf Dauer konnte er Birgitt die Hausarbeit nicht zumuten.

Für den Job in Meck-Pomm nahmen sie eine Fernbeziehung in Kauf, bis er den nächsten Karriereschritt tun konnte, in einem Unternehmen in Hamburg. Das war ursprünglich die Idee seines älteren Bruders Sönke gewesen. Je mehr sie darüber nachgedacht hatten, desto plausibler war es ihnen erschienen. Es würde schon nicht so schlimm kommen. Eben der Preis für das ersehnte Stück Karriere.

«Papa!» In der offenen Küchentür tauchte der kleine Georg auf, im Arm ein Plüschkrokodil und die kleine Hand zur Faust geballt. «Papa, musst du wieder weg?»

Hauke nahm den Jüngsten auf den Arm. «Ich hab's euch doch erklärt. Papa hat einen ganz tollen Job bekommen, da muss er jetzt die Woche über hin.»

«Guck mal, ich hab was für dich. Damit du nicht so allein bist.» Georg öffnete die Faust, darin hielt er eine Plastikfigur aus einem Überraschungsei. «Das ist der Schreckliche Sven, der ist ganz stark und passt auf dich auf. Und außerdem kannst du mit ihm sprechen, er versteht alles, was du sagst.»

«Na, das ist ja wirklich 'n Ding.» Hauke lachte, gab dem Jungen einen Kuss und klaubte den Plastik-Sven aus der klebrigen kleinen Hand. «Papa wird euch sehr vermissen. Wart's ab, bald kommt ihr mich am Wochenende besuchen. Da gibt's Wiesen und Felder, wo ihr spielen könnt. Wie bei Oma.» Hauke strich ihm die Haare glatt und setzte ihn wieder auf dem Boden ab. Er schaute zur Uhr. «Ich muss, bestimmt bin ich anderthalb Stunden unterwegs. Mindestens. Schon in der zweiten Woche zu spät zu kommen wäre hochgradig peinlich.»

«Sie wissen doch, wie weit du fahren musst.» Birgitt ging in die Hocke und gab dem Kleinen einen Kuss. «Jedenfalls nach dem Wochenende.»

Hauke rückte die Krawatte zurecht. «Hast du 'ne Ahnung, wie weit da manche fahren, und das für richtig kleines Geld. Da wird ausgerechnet mit dem Personalchef niemand Mitleid haben.»

Noch am Horner Kreisel erschien der Himmel einheitlich dunkel. Eigentlich hatte er in Hamburg tanken wollen, aber dafür war nun keine Zeit mehr. Er würde das am Abend in Parchim erledigen, auch wenn es dort teurer war. Hauke bog auf die A24 ein und startete den CD-Spieler. Unwillkürlich rieb er sich die Nasenspitze. Die war ein wenig gereizt, als würde sich dort grad ein Pickel entwickeln.

Am Horizont verteilte die Sonne großzügig ihr Licht. Wie eine halbierte Orange stieg sie aus dem Morgendunst hervor. Hauke suchte nach der Sonnenbrille, fand sie aber weder hinter dem Rückspiegel, wo sie normalerweise hing, noch in der Mittelkonsole. Nun erinnerte er sich. Er hatte sie am Wochenende bei einem Spaziergang getragen und später nicht ins Auto zurückgelegt. Er fluchte und kniff die Augen ein wenig zusammen. Auf der Gegenfahrbahn verdichtete sich der Verkehr. Glücklicherweise war er gegen den Strom unterwegs.

It only takes a minute girl
to fall in love, to fall in love …

Hauke schmunzelte und drehte die Musik ein wenig lauter. *Take That* war Birgitts Lieblingsgruppe. Als sie sich 1999 kennenlernten, lag die Trennung der Boygroup schon eine Weile zurück, doch Birgitt hatte ihnen immer noch hinterhergetrauert; für eine 23-jährige Studentin ein ganz klein wenig peinlich. Er ließ keine Gelegenheit aus, sie damit aufzuziehen. Seine Welt waren die harten Töne gewesen, Hard Rock, Heavy Metal und dergleichen.

In Mecklenburg wurde die Landschaft gleichförmiger. Die Sonne stand nun über dem Horizont und blendete. Man konnte kaum erkennen, wohin man fuhr. Hauke musste sich konzentrieren, wenn er einen der vielen Lastzüge überholte, die von Hamburg aus unterwegs waren nach Polen, Weißrussland oder noch weiter.

Hinter Hagenow schob sich eine Wolkendecke von Südwesten heran und verdunkelte die Sonne. Nun musste er die Augen nicht länger zusammenkneifen.

Die Firma lag in einem Industriegebiet unweit der Anschlussstelle Neustadt-Glewe. Direkt an der Straße das Verwaltungsgebäude, ein Plattenbau aus den Siebzigern. Kernsaniert und äußerlich durch eine Wellblechfassade aufgewertet. Auch die Fertigungshallen waren im gleichen Stil gehalten, was der gesamten Anlage ein futuristisches Aussehen verlieh. Auf dem Dach prangte, schon von der Autobahn sichtbar, an einem Stahlgerüst der Schriftzug *Lewitz-Haus.* Daneben das Firmenlogo, ein Fischadler mit ausgebreiteten Schwingen und der charakteristischen weißen Brust. Ihm stand ein neuer Lebensabschnitt bevor. Als Mittdreißiger war er immerhin abgebrüht genug, dass ihm das alles nicht ganz so aufregend vorkam. Den Job würde er schon packen.

Hauke parkte seinen Audi direkt vor dem Hauptgebäude. Die Stellplätze hier waren den Führungskräften vorbehalten. Er schaute auf die Uhr: 6:51 Uhr. Die anderen drei Plätze waren noch leer. Zufrieden verschloss er das Auto. Er war noch vor dem Geschäftsführer da, so hatte er sich das vorgestellt. Bevor er das Gebäude durch die breite Glastür betrat, warf er einen Blick zurück auf seinen Wagen. Als zweifelte er daran, dass er tatsächlich dort parken durfte.

Im Foyer saß die Rezeptionistin bereits hinter ihrem Tresen. Sie war auch für die Telefonzentrale zuständig, und ihr Arbeitstag begann, wie der im Fertigungsbereich, um sechs Uhr morgens. Hauke erwiderte ihren Gruß und überlegte, ob der Chef die junge Mitarbeiterin wohl in erster Linie wegen ihrer blonden Haare und der langen Beine eingestellt hatte. Ihr Name fiel ihm im Moment nicht ein. Kein Wunder, in einer Woche konnte er sich unmöglich die Namen aller 156 Mitarbeiter merken. Also lächelte er und fragte nach. Mandy, was für ein Klischee, dachte er und erinnerte sich, dass in der Mittagspause eine mindestens zehn Jahre ältere Kollegin mit dem Namen Elke die zweite Schicht übernahm. Ihre Beine waren nicht annähernd so lang wie Mandys, dafür hatte sie eine sympathische Telefonstimme und eine unschlagbare Auffassungsgabe, was er schon während der ersten Woche zu schätzen gelernt hatte.

Hauke stieg die Treppe hinauf in das zweite Obergeschoss. Zur Rechten belegte der Geschäftsführer ein großzügiges Büro. Er selbst folgte dem Flur in die entgegengesetzte Richtung. Die Tür zum Besprechungsraum stand offen. Dahinter begann Haukes Zuständigkeitsbereich, mit den Büros einer Personalsachbearbeiterin, eines Personalreferenten und von drei Buchhalterinnen. Dazwischen saß noch ein Controller, der aber direkt dem Geschäftsführer berichtete.

Aus der Küche zog Kaffeeduft herüber. Frau Sprung war also schon da, ein gutes Gefühl. Sie hatte sich in der ersten Woche gleich als unentbehrlich erwiesen. Eigentlich als Personalsachbearbeiterin eingestellt, erledigte sie so nebenbei all die hilfreichen Tätigkeiten, für die andere Führungskräfte eigens eine Assistentin hatten. Natürlich kannte

Frau Sprung jeden im Unternehmen, und jeder kannte Frau Sprung.

Schließlich öffnete er die Tür zu seinem eigenen Büro. Immerhin ein Einzelbüro, wenn auch nur mit drei Fensterflügeln. Bevor er in die Küche hinüberging, um einen guten Morgen zu wünschen, suchte er nach einem angemessenen Platz für den Schrecklichen Sven. Am Ende entschied er sich für den Fuß der Schreibtischlampe; hier war die Gefahr am geringsten, dass der wackere Wikinger in den Stapeln der Personalakten verloren ging. Er dachte an den kleinen Georg, schmunzelte und sprach in Gedanken mit Sven.

Hey Kumpel, dass du mir ja den Überblick behältst!

In diesem Moment erschien Frau Sprung in der Tür, in der Rechten einen dampfenden Becher. «Guten Morgen, Herr Boie. Einen Kaffee?»

«Gern, nach der langen Autofahrt kann ich den brauchen.»

Frau Sprung war mindestens zehn Jahre älter, genauer wusste Hauke das noch nicht. Früher oder später würde er mal in ihre Akte schauen. Sie war eine kleine stämmige Person mit kurzen Haaren, die sie in einem kupfernen Ton gefärbt hatte. Eine ihrer hervorragendsten Eigenschaften war, dass sie im Umgang mit Mitarbeitern immer die richtigen Worte fand. Egal, ob es sich um den Trockenbauer aus einem der Montagetrupps handelte, die Bauingenieurin aus der Projektierung oder den Vertriebsmann im Außendienst. Wie viele Menschen, die nicht mit ihrem Aussehen punkten konnten, machte Frau Sprung diesen Nachteil mit überdurchschnittlicher Kompetenz wett.

Kurz nach neun Uhr stand Volker Astheimer in Haukes Bürotür, der Vertriebs- und Marketingleiter. Ein kleiner untersetzter Mann, so alt wie Hauke, im hellgrauen Anzug, den obersten Hemdknopf geöffnet und die grellgelb gemusterte

Krawatte ein wenig gelockert. Astheimer strahlte und schritt mit ausgestrecktem Arm auf Hauke zu.

«Ich bin Volker, duzen wir uns?»

Hauke war Volker in seiner ersten Woche noch nicht begegnet, denn der war im Süden Deutschlands unterwegs gewesen, um mit den lokalen Vertriebspartnern zu sprechen. Seinem gewinnenden Lachen war nur schwer zu widerstehen. Er stammte aus dem Weserbergland, war also ebenfalls kein Mecklenburger, und hatte in Hamburg Holzwirtschaft studiert. Mit Erstaunen hörte Hauke, dass man sich dabei auch auf betriebswirtschaftliche Fragestellungen spezialisieren konnte.

«Wir Holzwürmer stecken überall, du würdest staunen! Komm mit, ich stell dich meinen Leuten vor.»

Der Vertrieb war im ersten Stock angesiedelt, und Hauke schüttelte unzählige Hände. Im Showroom gab Volker einen kurzen Abriss über den Wert der Premiummarke Lewitz-Haus, deren Produkte unter Berücksichtigung baubiologischer Erkenntnisse konzipiert waren. Am Ende setzten die beiden sich in die für Kundengespräche aufgestellten Designersessel. In der Ecke stand eine Espressomaschine bereit; Volker füllte zwei Tassen.

«Haben sie dich auch in Parchim im Hotelapartment untergebracht?»

Hauke nickte und schlürfte seinen Espresso.

«Da können die Abende schon lang werden, ich kenn das. Hast du Familie?»

«Meine Frau und die beiden Jungs sollen irgendwann nachkommen.» Hauke lächelte unverbindlich. Birgitt würde niemals hierherziehen.

Volker nippte am Kaffee. «Wir haben drei. Die Älteste ist neun, die Zwillinge sieben. Letztes Jahr haben wir gebaut.

Ein Lewitz-Haus, bleibt einem ja nichts anderes übrig.» Er zwinkerte, als sei von etwas Rätselhaftem die Rede. «Ist nicht immer einfach auf dem Land als Zugezogener. Komm doch nach Feierabend mal zu uns zum Essen. Karen, also meine Frau, würd' sich freuen. Außerdem: Wir Wessis müssen ja zusammenhalten.» Volker lachte ein bisschen übertrieben und stellte seine leere Tasse auf einem Beistelltischchen ab.

Auch Hauke hatte seinen Kaffee ausgetrunken und ließ den Kaffeesatz in dem winzigen Tässchen kreisen. «Warum nicht. Schaun wir einfach mal.»

3

Nach Südwesten schirmte ein Gürtel aus Gewerbegebieten und mehrstöckigen Plattenbauten das eher beschauliche Zentrum der Kreisstadt Parchim ab. Wenn Hauke nach Feierabend zu seiner Unterkunft fuhr, kam es ihm vor, als sei das alles einst eine Nummer zu groß geplant gewesen und nun zwischen der Erinnerung an vermeintliche Größe und der unerfüllten Hoffnung auf bessere Zeiten eingeschlafen.

Auf der Bahnlinie parallel zur Bundesstraße sah er die gleichen kurzen Triebwagen, wie sie von Heide kommend in Richtung Büsum rumpelten; die Dithmarscher nannten sie scherzhaft Playmo-Bahn. Im Vergleich zum heimischen Wesselburen war Parchim allerdings fast eine Großstadt.

Am Ortseingang lockte eine Tankstelle mit niedrigem Preis. Kurz entschlossen bog Hauke ab und hielt vor einer freien Zapfsäule. Wirklich günstig konnte man das Angebot zwar nicht nennen, aber er hatte sich schon nach einer Woche daran gewöhnt, dass die Kraftstoffpreise im Schnitt zehn Cent über Hamburger Niveau lagen.

Er öffnete den Kofferraum, fischte nach dem fleckigen Arbeitshandschuh und griff zur Zapfpistole. Während das Dieselöl in den Tank lief, schaute er den Ziffern auf der Anzeige zu, die in rasantem Tempo das getankte Volumen und den Eurobetrag zählten. Jenseits der Zapfsäule hielt ein Pritschenwagen. Auf den Türen las er den Namen einer Dachdeckerei.

Vier junge Männer in einheitlich graublauer Arbeitskleidung stiegen aus.

Haukes Armbanduhr zeigte kurz nach acht. In seiner Hand knackte die Zapfpistole, der Tank war gefüllt. Drei der Dachdecker gingen vor ihm zum Verkaufsraum. An ihrer Spitze ein kleiner Dicker, der unablässig Faxen machte. Auf den Klamotten der Männer lag der Staub eines langen Arbeitstages, und die Müdigkeit war ihnen anzusehen. Am Tresen angekommen, bestellten sie jeder einen Hotdog. Hauke beschloss, lieber eine Runde durch den Verkaufsraum zu drehen, statt in der Kassenschlange zu warten. Am Zeitschriftenständer nahm er sich den neuen *Spiegel* und suchte nach einer Fernsehzeitschrift. Damit würde er die Abende schon rumkriegen. Na ja, jetzt hatte er ja auch noch das Mountainbike dabei. Eigentlich wäre es keine schlechte Idee, mal bei den Fahrradzeitschriften zu gucken. Drüben am Tresen war mittlerweile der Vierte aus der Dachdeckertruppe angekommen, seine drei Kollegen standen schon um einen Bistrotisch herum. Hauke wandte sich wieder den Zeitschriften zu und sah kurz über das obere Regal hinweg durch die Scheibe nach draußen.

Verblüfft hielt er inne. Kam da etwa Olaf? Nein, das war er nicht, das konnte nicht sein.

Ein langer, hagerer Kerl in neongelber Warnschutzjacke stieg aus einem Lkw und spazierte auf den Eingang zu. Das war definitiv nicht Olaf, der hatte nicht so akkurat geschnittene Haare. Aber die Ähnlichkeit war schon verblüffend, selbst von Weitem. Nicht nur der Vollbart, auch der Körperbau, die Art, wie er sich bewegte, dieser ausholende Schritt und das Wippen in den Knien.

Hauke zog eines der Magazine aus der Auslage, blätterte und schielte neugierig zur Tür. Im gleichen Moment betrat der neongelbe Kerl den Verkaufsraum. Er schaute einmal in die Runde und kam dann ebenfalls zum Zeitschriftenstand. Hauke erschrak. Hatte er zu auffällig hingeschaut? Aus der Nähe blendete das Neongelb weit weniger. Scheuerspuren zogen sich als graue Patina über Brust und Ärmelfalten. Aus den Augenwinkeln beobachtete Hauke, wie der Typ nach einer Tattoo-Zeitschrift griff. Doch statt darin zu lesen, sah er Hauke an, einfach so. Nicht aggressiv, aber irgendwie fordernd. Hauke kribbelte es den Rücken hinunter. Er wagte nicht, den Blick zu erwidern, blätterte stattdessen in seinem Fahrradheft, las hier und dort ein wenig. Aber der Inhalt erreichte ihn nicht wirklich, denn er meinte immer noch den Blick des Mannes zu spüren. Der Pickel vom Morgen meldete sich wieder, die Nasenspitze brannte, als sei er jetzt wirklich reif. Am besten wäre es wohl, einfach zur Kasse zu gehen, bevor er hier noch Ärger bekam. Jetzt trat der Kerl auch noch einen Schritt auf ihn zu und griff, ohne ein Wort zu sagen, unmittelbar an Hauke vorbei nach einer Zeitschrift für Läufer. Eine Wolke intensiven Tabakgeruchs hüllte ihn ein. Wie automatisch wich Hauke einen Schritt zurück, atmete durch und inhalierte unwillkürlich das würzige Aroma. Das war kein Zigarettengestank, das musste irgendwas anderes sein.

Statt das Fahrradheft an dem Kerl vorbei wieder ins Regal zu schieben, klemmte Hauke es zusammen mit dem *Spiegel* und der Programmzeitschrift unter den Arm. Dann holte er noch ein paar Tüten Kartoffelchips und ein Sixpack Bier. Voll bepackt schritt er auf die Kasse zu.

Aber der Neongelbe war schneller. Ohne Hauke eines Blicks zu würdigen, stellte er sich im letzten Moment vor ihm an den Tresen. Auf seinem Rücken stand der Name einer ortsansässigen Spedition.

Die Verkäuferin mit dem Augenbrauen-Piercing zwinkerte. «Tachschön, Jens! Sprachlos, wie immer?»

Der Mann nickte und warf einen zerknüllten Zehn-Euro-Schein in die Kunststoffschale neben der Kasse. Sie schob ihm zwei Schachteln Zigarillos über den Tresen, die er rasch in den Weiten der Warnschutzjacke verschwinden ließ.

Dann war die Reihe an Hauke. Er trat einen Schritt vor, atmete ein letztes Mal das Tabakaroma ein und sagte: «Die Sechs bitte.»

Hauke zirkelte den Wagen durch die schmale Toreinfahrt auf den Innenhof des Hotels. Er trug seine Einkäufe in das kleine Ferienapartment hinauf, das die Firma für ihn angemietet hatte. Das war eine prima Übergangslösung. Für regelmäßige Reinigung, Bettwäsche und Handtücher war so gesorgt.

Er schloss die Tür hinter sich, drückte eine Programmtaste der Fernbedienung und öffnete den Krawattenknoten. Fünf Bierflaschen wanderten in den kleinen Kühlschrank der Pantry, aus der sechsten nahm er einen tiefen Schluck. Auf RTL lief *Wer wird Millionär?*, der Kandidat beantwortete grad die 16.000-Euro-Frage, und Hauke stellte den Ton lauter. Anschließend erledigte er wie zu Hause sein gewohntes Feierabendritual. Schnürsenkel öffnen, Schuhe ausziehen und in die Badelatschen schlüpfen. Die Schuhe ordentlich neben der Eingangstür abstellen. Dann das Sakko auf einen Bügel hängen, die Krawatte abnehmen und das Hemd ausziehen. Im Kleiderschrank warteten Jogginghose und Kapuzenshirt auf ihn. In den bequemen Klamotten ließ er sich aufs Sofa fallen. Die junge Kandidatin hatte die gleiche kastanienbraune Haarfarbe wie Birgitt und war in diesem Moment bei der 64.000-Euro-Frage angelangt.

Welche dieser Tabakwaren ist keine Zigarre?
A: Torpedo, B: Zigarillo, C: Reval, D: Churchill.

Hauke atmete tief durch die Nase ein und versuchte, sich das Aroma des Neongelben von der Tankstelle zu vergegenwärtigen.

Fotografien von drei Männern wurden eingeblendet, aus denen die Kandidatin einen Grauhaarigen als ihren Telefonjoker auswählte. Dem Bild nach mochte er der Vater der Kandidatin sein. Sie verbrachte viel Zeit mit dem Vorlesen und Wiederholen der Frage, und am Ende wusste der Angerufene auch keinen Rat.

Hauke hörte nur halb hin. Versuchte, sich stattdessen an das Aussehen des Neongelben zu erinnern. Doch das gelang ihm nicht. Immer wieder stand ihm das Bild von Olaf vor Augen. Olaf hatte Zigaretten geraucht, selbst gedrehte, und das nicht zu knapp. In seiner Jugendzeit hatte Hauke das nicht im Geringsten gestört. Wie hatte er das nur aushalten können? Er sah ihn in Lederjacke vor sich, die Fluppe lässig im Mundwinkel, wie er das kleine Kuppelzelt mit dem Werner-Aufdruck zusammenlegte, am Morgen nach dem Festival in Wacken. Damals, als es noch ein Geheimtipp war. Den fordernden Blick des Neongelben hatte Olaf allerdings nie gehabt. Er war verdammt gutmütig gewesen und hatte den jungen Hauke regelmäßig mitgenommen, wenn seine Motorradclique auf Rockfestivals fuhr.

Im Fernsehen entschied sich die Kandidatin mit den rotbraunen Haaren, auf Risiko zu spielen, und wählte Antwort B. Statt die Frage aufzulösen, kündigte Günther Jauch erst einmal eine Werbepause an.

Hauke versuchte, sich Olafs Augen vorzustellen, aber er konnte sich kaum an ihre Farbe erinnern, er tippte auf graublau. Es war beinahe 20 Jahre her, dass er mit Olaf losgezogen war. Der Kontakt war irgendwann abgebrochen, wie das so ist. Vor drei Jahren allerdings hatte er ihn noch mal wiedergesehen. Rein zufällig, denn er war mit Frau und Kindern zu einer Familienfeier in Wesselburen gewesen.

Der runde Geburtstag der Mutter hatte an diesem Tag die gesamte Verwandtschaft in das Elternhaus nach Dithmarschen geführt. Hauke half seinem älteren Bruder Sönke, Sitzgelegenheiten ins Wohnzimmer zu tragen. Grad holte er einen kleinen Cocktailsessel im Sechziger-Jahre-Stil aus dem Schlafzimmer der Mutter, da läutete das Telefon. Im Treppenhaus hing immer noch eine altmodische Zusatzklingel mit dem Horn der Deutschen Bundespost darauf. Ihr Schrillen war zweifellos bis hinüber zum Eidersperrwerk zu hören. Seine Mutter winkte ihn mit der freien Hand herbei, in der anderen hielt sie den Telefonhörer. Tante Mimi aus Itzehoe war dran. Sie würde gleich in den Zug steigen. Jemand möge sie doch in Heide vom Bahnhof abholen.

Im Vergleich zum Küchendienst war Hauke der Shuttle-Service allemal lieber. Er zögerte nicht lange und fuhr sogleich los. So kam es, dass er viel zu früh in Heide ankam. Als er den Wagen parkte, waren es noch gut 30 Minuten bis zu Tante Mimis Ankunft. Er blieb einen Moment im Auto sitzen, beschloss dann aber auszusteigen, um sich ein wenig die Beine zu vertreten.

Plötzlich rief jemand seinen Namen. Hauke schaute sich um. An der Längsseite des Parkplatzes, wo ein Gebüsch die Grenze zum Bahngelände markierte, stand ein einfaches Gartenhaus aus Blockbohlen, das zum Imbiss umfunktioniert worden war. Ein langer Kerl mit einer Bierflasche in der Hand stützte sich auf einen Stehtisch und winkte. Das war Olaf!

«Moin, Hauke, lang nich sehn!» Olaf strahlte ihn an. «Peter, lang mal noch 'n Bier rüber.» Olaf trug eine abgewetzte Lederjacke mit Jeansweste, deren unzählige verblichene Aufnäher kaum noch zu erkennen waren.

«Aber nur 'n Spaßbier!» Hauke griff nach der ausgestreckten Hand. Olaf arbeitete als Betriebsschlosser, sein Händedruck war unverändert kräftig. «Mensch, das ist ja gefühlte 100 Jahre her. Bist du noch in der Raffinerie?»

Olaf nickte. «Klar, auch wenn der Schichtdienst mir langsam in die Knochen geht. Und du?» Er sah ihn von oben bis unten an. «Siehst geleckt aus. Karriere gemacht unten in Hamburg?!»

Hauke winkte ab. «Bürojob, jeden Tag das Gleiche.»

«Und? Familie?»

«Wir haben zwei Jungs, zwei und fünf Jahre.»

Hauke bekam sein alkoholfreies Bier und hob die Flasche an den Hals. Dabei sah er Olaf genauer an. Die Jahre hatten ihre Spuren hinterlassen, die schütteren blonden Haare waren ganz weiß geworden, der üppige Vollbart ebenso.

Auf dem Sozius von Olafs Honda hatte er gesessen, fest an ihn geklammert, mit dieser Mischung aus Angst im Kopf und Faszination im Bauch. Die Klassenkameraden hatten gestaunt, weil die erwachsenen Männer ihn, den pickligen 16-Jährigen, mit auf ihre Touren nahmen. Wenn sie sich auf dem Heider Marktplatz zur Ausfahrt sammelten, machten brave Bürger einen großen Bogen um den bunt gemischten Haufen.

«Unser kleiner Hauke …» Olaf schüttelte den Kopf und lachte. «Du warst immer ganz heiß auf Moshpits, 'n paarmal hab ich dich mitten aus dem Gewühl gezogen. Ich wette, jetzt gehst du jeden Tag mit Anzug und Krawatte ins Büro. Echt, wir mochten damals kaum glauben, wie schnell du dich nach der Schule von deinem alten Leben getrennt hast. Haare ab,

Bundeswehr, Studium. Unser Kleiner macht einen auf Stino, lässt sich nicht mehr blicken bei seinen alten Kumpels.»

Hauke schaute auf das Pflaster, in das noch uralte Bahngleise eingelassen waren.

Olaf haute ihm auf die Schulter. «Hey, war nicht so gemeint. War doch klar, dass du dein Leben leben musstest.»

«Bist du wenigstens der Alte geblieben? Fährst du noch auf Festivals?»

Olaf rückte die Lederjacke zurecht. «Ich bin auf meine alten Tage doch noch schwach geworden. Fast zehn Jahre jünger ist sie, fährt Harley und ist immer mit dabei. Dann heißt sie auch noch Telse, man glaubt es kaum.» Er leerte sein Bier. «Aber wir werden weniger. Erinnerst du dich an Gunnar? Da musst du auch dabei gewesen sein, als wir damals das erste Mal in den Osten rüber sind, wo's am Ende noch ordentlich was auf die Augen gegeben hat. Den haben sie totgefahren, vorletztes Jahr. Und der dicke Hannes, der hat Weichteilrheumatismus, kann kaum noch seine Mühle aufrecht halten.»

«Hauke?!», rief eine spitze Stimme.

Sie drehten sich beide um. Tante Mimi kam strammen Schritts über den Parkplatz gelaufen und zog einen Rollkoffer hinter sich her, der polternd über das Kopfsteinpflaster sprang.

«Die Pflicht ruft», sagte Olaf. Es klimperte, als er die Bügelverschlussflasche auf dem Tisch abstellte.

«Hauke, was machst du hier? Trinkst du etwa?»

«Tach, Tante Mimi. Is' bloß 'n Spaßbier. Ich hab zufällig den Olaf getroffen und dann hier auf dich gewartet.» Hauke zückte das Portemonnaie, um zu zahlen.

«Lass mal stecken.» Olaf schüttelte Tante Mimis Hand. «Kümmer dich um deinen Besuch, kriegst sonst noch Ärger.» Er zwinkerte der alten Dame zu.

Hauke griff nach Tante Mimis Koffer.

«Hau rein!», rief Olaf ihm hinterher.

«Der ist ja nett», sagte Tante Mimi, während sie zum Auto gingen.

Das Telefon riss Hauke aus seinen Gedanken. Auf dem Display erschien Birgitts Lächeln.

«Stör ich dich bei irgendwas?», fragte sie.

«Ach was, bin grad im Hotel angekommen und sitze vor der Glotze.»

«Unsere beiden Spezialisten sind jetzt langsam mehr als fällig fürs Zubettgehen. Seitdem du nicht mehr hier bist, krieg ich sie abends kaum zur Ruhe.»

Hauke sprach nacheinander mit beiden Söhnen. In Georgs Kindergarten war ein Gitarrenspieler gewesen, der mit den Kleinen den Klassiker *Die Affen rasen durch den Wald* gesungen hatte. Haukes erster Gedanke war, dass die Textzeile «der eine macht den andern kalt» zweifellos ein Thema beim nächsten Elternabend sein würde. Aber vermutlich bliebe ihm der erspart, diese Pflichten würde Birgitt von nun an allein übernehmen müssen.

Fritz hatte die aktuelle Ausgabe der *Lustigen Taschenbücher* bekommen und seinem kleinen Bruder daraus ein neues Abenteuer von Donald Duck vorgelesen. Dem war ein kleines Handgemenge vorausgegangen, in dessen Verlauf zwei Seiten eingerissen waren. Fritz war deswegen immer noch untröstlich. Hauke appellierte an die Vernunft des Älteren, ließ sich Georg noch einmal geben und richtete an den Jüngsten ein paar mahnende Worte. Damit war er für heute seinen väterlichen Pflichten nachgekommen. Mehr konnte er aus der Ferne kaum tun. Beide versprachen, sich unmittelbar nach dem Telefonat widerspruchslos von Mama ins Bett bringen zu lassen. Dann reichten sie den Hörer wieder zurück an die Mutter. Der Kinderlärm verschwand im Hintergrund.

«Schatz, ich wollte, du wärst jetzt hier», sagte Birgitt.

Hauke schmatzte einen Kuss in das Telefon. Eine ganze Weile hielt er das Telefon in der Hand, ohne dass sie einander etwas sagten. Er schaute auf das Foto auf dem Display, dachte an das kastanienbraune Haar und wie zerzaust es am Morgen ausgesehen hatte. Und an das altrosa T-Shirt, das er bis über ihre Brüste hochgeschoben hatte.

Es war, als würden sie ihre Gedanken über die stumme Leitung austauschen. Ganz ohne gesprochene Worte flossen Energien über Funkzellen, Sendemasten und Basisstationen. Aufmoduliert auf Geräusche, die Außenstehende als *Atmo* abgetan hätten, in Wahrheit aber eine Form von Vertrautheit widerspiegelten, wie es sie nur in einer langjährigen Beziehung gibt. Das leise Rascheln, wenn sie ihre Haare zurückstrich. Das Glucksen, wenn sie einen Schluck Wasser aus einem der hohen Gläser nahm, die sie so liebte, und der vertraute satte Grundton des massiven Buchenholzes, wenn sie das Glas wieder auf dem Tisch abstellte, gedämpft durch einen der runden Untersetzer aus Kork. Das von der Isoverglasung abgeschwächte Signalhorn eines Rettungswagens, der die Osterstraße entlangfuhr. Vertraute Geräusche, fern und nah zugleich. Jetzt knarzte das Leder des Sofas, weil sie sich zurücklehnte. Sie stopfte sich eines der sandfarbenen Kissen in den Nacken, nahm die Beine hoch und breitete die helle Fleecedecke von Ikea darüber aus. Knisternd entluden sich winzige statische Aufladungen. Er stellte sich vor, wie sich die Härchen an ihren Beinen aufrichteten.

Plötzlich schwoll im Hintergrund der Kinderlärm wieder an, und das Gespräch fand ein hastiges Ende. Im Fernsehen war die Werbepause längst vorbei, die Frau mit den kastanienbraunen Haaren war ausgeschieden. An ihrer Stelle stieg ein langer Typ im Kapuzenshirt auf den Kandidatenstuhl. Hauke streckte die Beine aus, leerte die Bierflasche und nickte ein.

Draußen vor dem Hotel zersplitterte eine Flasche auf dem Pflaster, quittiert vom besonders auffälligen Lachen eines Angetrunkenen. Hauke schreckte hoch und spähte durch einen Gardinenspalt hinaus. Eine Gruppe junger Männer zog vorbei. Ihre Stimmen klangen in der schmalen Straße zwischen den alten zweistöckigen Häusern doppelt laut. Einer von ihnen hatte wohl die Bewegung der Gardine bemerkt, jedenfalls drehte er sich um, schaute hoch und zeigte ihm den aufgerichteten Mittelfinger.

Es war nicht einmal zehn Uhr abends, und er lehnte an der Fensterbank eines schmucklosen Hotelapartments in Mecklenburg, 135 Kilometer von zu Hause entfernt. Versonnen knetete er die Beule in der Jogginghose. In seiner Jugend hatte er sich manchmal vorgestellt, so wie Olaf zu sein, genauso wild und groß. Mit der Zeit hatte er gelernt, die Gedanken zu verscheuchen, die in seinem Kopf wie lästige Insekten umhergeschwirrt waren. Sie wie kurze Videoclips zu beschränken auf den Moment vor dem Orgasmus. Wenn Birgitt und er sich liebten, genoss er die Vertrautheit und die Wärme, die sie miteinander verband. Anschließend hielten sie einander in den Armen, und ihre Zärtlichkeit beschützte ihn vor den Dämonen aus den Zeiten der Pubertät. Die Zeit der Zärtlichkeit hatte stets ihr allein gegolten, da plagte ihn kein schlechtes Gewissen.

Die Nasenspitze schmerzte. Schließlich drückte er den Pickel so lange fest zusammen, bis ihm ein dünnes Rinnsal von Eiter entsprang.

Fluchend riss er in der Pantry ein Blatt von der Küchenrolle und tupfte damit die Nase ab. Dann warf er sich wieder auf das Sofa und langte unter den Hosenbund.

4

«Herr Herrmanns ist noch drüben in der Endprüfung. Da gibt es irgendeine Verzögerung durch die Qualitätssicherung. Soll ich Sie anrufen, wenn er hier ist?» Die Assistentin lächelte Hauke an.

Er kehrte in sein Büro zurück und warf erst einmal einen Blick in die aktuelle Krankenstatistik. 20 Minuten später kam ihr Anruf.

Fertigungsleiter Uwe Herrmanns saß am Schreibtisch und tippte auf seiner Tastatur. Als Hauke den Raum betrat, sprang er sofort auf, kam ihm entgegen und schüttelte ihm die Hand. Er war etwa zehn Jahre älter. Sein rundes Gesicht war von täglicher Nassrasur stark gerötet. Zur Jeans trug er ein Arbeitshemd aus beigefarbenem Canvas mit eingesticktem Firmenlogo, genau wie die Leute draußen an den Werkbänken. Der uniformähnliche Schnitt unterstrich die breiten Schultern, vermochte den altersbedingten Bauchansatz allerdings nicht zu verbergen. Was für ein imposanter Mann, dachte Hauke, der zu ihm aufschauen musste.

Beide setzten sich an einen kleinen runden Besprechungstisch, der den knappen Raum zwischen Schreibtisch und Tür beinahe vollständig füllte. Herrmanns sprach mit leiser Stimme, deren hoher Klang in seltsamem Gegensatz zu seinem Erscheinungsbild stand. Routiniert beschrieb er die Organisationsstruktur der Fertigung.

«Herr Boie, ich bin froh, dass wir Sie jetzt haben, wir benötigen längst ein professionelles Personalmanagement.»

Hauke räusperte sich, löste sich von der Stuhllehne und richtete den Oberkörper auf. «Davon bin ich überzeugt», antwortete er. Tatsächlich war der Krankenstand im Fertigungsbereich zu hoch, bei den Montagetrupps allerdings erfreulich niedrig. Das deutete möglicherweise auf ein Stimmungsproblem bei den Mitarbeitern im Werk hin. Und es gab nicht mal einen Betriebsrat, der bekanntlich, fernab von Fragen der Mitbestimmung, auch sehr gut zur Lösung zwischenmenschlicher Probleme innerhalb der Belegschaft einsetzbar war. Als er Herrmanns darauf ansprach, sah der ihn verdutzt an und massierte sich kurz die Schläfen.

«Einen Betriebsrat?» Er lächelte, als müsste er erst tief im Gedächtnis kramen, um die Bedeutung des Wortes zu ergründen. Dann wurde seine Stimme noch eine Spur sanfter. «Wir sind nach der Wende als Familienunternehmen gegründet worden. Auch wenn wir heute eine GmbH sind, ist jeder, der hier arbeitet, Teil einer Familie. Auch mit zwischenmenschlichen Problemen kann man jederzeit zu mir kommen, dafür bin ich als Vorgesetzter schließlich da.»

Hauke fragte sich, ob Herrmanns' Gesicht ein klein wenig röter geworden war. Er lächelte, als sei er beruhigt, eine so positive Auskunft bekommen zu haben.

Eine der Lenkrollen drehte sich nicht, wie sie sollte. Gegen leichten Widerstand schob Hauke den Einkaufswagen, etwas nach links gedreht, über den Parkplatz. Seinem Audi gegenüber stand ein VW-Pritschenwagen mit großformatigem Aufkleber auf der Heckscheibe. Der Schädel eines gehörnten Rindviechs zwischen den Buchstaben W, O und A. Unvermittelt blieb er stehen. Das Festival in Wacken. 1993 hatte ihn

Olaf das erste Mal dorthin mitgenommen. Wann war er eigentlich zuletzt dort gewesen? Er konnte sich nicht erinnern.

Dem Transporter entstieg ein großer, hagerer Kerl mit vollflächig tätowierten Unterarmen. Der vom Kinn herabhängende Bartschopf gab ihm das Aussehen eines Ziegenbocks.

«Na Chef, alles gut?», fragte der Kerl und kratzte sich am Ellenbogen.

Die Tattoos zogen Haukes Blick magisch an. Er lächelte den Mann an. «Ich hab grad überlegt, wie lange ich nicht mehr in Wacken war.»

Der Tätowierte kniff die Augen zusammen. «Das muss gewesen sein, als du noch 'ne andere Frisur hattest.» Ohne eine Antwort abzuwarten, drehte er sich um und entschwand in Richtung Supermarkt.

Hauke schluckte. So hatte lange niemand mehr mit ihm geredet. Darauf etwas zu erwidern, das gleichermaßen höflich wie passend war, so schlagfertig war kein Mensch. Und der Mann hatte ja recht. Während er seine Einkäufe im Auto verstaute, beobachtete er aus den Augenwinkeln, wie der Tätowierte eine Münze in den Schlitz am Einkaufswagen steckte und schließlich, ohne sich umzudrehen, durch die Eingangstüren verschwand. Hauke ließ den Kofferraumdeckel ins Schloss fallen und betrachtete sein Spiegelbild in der Seitenscheibe. Ein Büromensch im Anzug und mit bravem Haarschnitt. Selbst die hellblaue Krawatte mit den schmalen roséfarbenen Streifen kam nicht so gewagt rüber, wie er es beim Kauf erhofft hatte. Okay, das vernarbte Gesicht trübte das Erscheinungsbild ein wenig.

Man konnte eben nicht alles haben im Leben.

Mit dem Helm in der Hand stieg Hauke das schmale Treppenhaus hinab. Zum ersten Mal seit langer Zeit trug er den engen

Einteiler, den er vor einigen Jahren zusammen mit dem verdammt teuren Mountainbike gekauft hatte. Immerhin passte das Teil noch, er war nicht wirklich dicker geworden, wenn auch eine leichte Wölbung am Bauch unübersehbar war. Allerdings war die Optik dann doch irgendwie eine Spur zu sportlich. Zum Glück hatte er zwischen seinen Sachen noch eine Softshelljacke gefunden und kurz entschlossen übergezogen. So schaute er schon viel ziviler aus.

Vor dem ehemaligen Stallgebäude, in dem sich der Abstellraum für Fahrräder befand, schaute er auf sein Telefon und wartete einen Moment. Langsam baute sich in Google Maps der Stadtplan von Parchim auf. Zunächst ging es die Lange Straße entlang. Er musste an der Marienkirche vorbeifahren und dann am Kreisverkehr in Richtung Bahnhof und Flughafen abbiegen. Das würde er schon finden. Er zurrte den Helm fest, schwang sich auf das Bike und radelte los. Ein ungewohntes Gefühl. Ein paarmal verschaltete er sich, dass die Kette nur so krachte. Hoffentlich fiel das niemandem auf. Am Straßenrand sah er ein Fahrradgeschäft und nahm sich vor, das Rad in den nächsten Tagen mal durchsehen zu lassen. Nach ein paar Jahren im Keller konnte das nicht schaden. Vielleicht musste die Schaltung mal justiert werden. Außer Atem geriet er einstweilen nicht, und das war ja schon mal ganz gut.

Am Bahnübergang schloss sich vor ihm die Schranke, und das gab ihm Gelegenheit, sich einen Moment umzuschauen. Er war mit der rechten Wade an die Kette geraten und hatte sich eingeschmiert, das war nicht weiter schlimm. Ein Triebwagen rumpelte vorbei, und die Schranke hob sich wieder. Hauke trat in die Pedale und erreichte das Ortsende, wo die Landstraße die Befeuerung der Start- und Landebahn kreuzte. Ein Stück weiter, mitten im Wald, dann der Abzweig.

Airport stand auf dem Straßenschild, und in Anbetracht der unebenen schmalen Landstraße klang das irgendwie aufgesetzt. Nach dem Abzweig besserte sich die Straße, und er passierte zwei noch funktionslose und auf Zuwachs gebaute Kreisverkehre. Parallel war auch ein Fußweg aus roten Pflastersteinen angelegt worden. In den Ritzen wucherte Gras, und Löwenzahnblüten verschwendeten ihr üppiges Gelb. Das einzige Auto, das ihm begegnete, war der Wagen einer Fahrschule. Den Flugplatz erkannte er nur an der betonierten Freifläche hinter einem Maschendrahtzaun; Flugzeuge sah er keine. Entlang des Zauns gab es großzügig angelegte Parkplätze, allerdings ohne parkende Autos, für den Großstädter ein ungewohntes Bild. Alles reichlich mit Laternen und Bänken ausgestattet. Die Natur bemühte sich nach Kräften, die erst vor wenigen Jahren angelegte Infrastruktur möglichst rasch wieder zurückzuerobern. Hauke fuhr bis zu einer Art Empfangsgebäude, das sich im äußersten Winkel der Anlage befand. Menschenleer. Er machte kehrt, kam an verwaisten Stellplätzen für Omnibusse vorbei und beschloss, sich für einen Moment auf eine der Bänke zu setzen. Die Szenerie erinnerte ihn an einen Film, den es vor Ewigkeiten mal im Fernsehen gegeben hatte. Ein Passagierjet fliegt durch ein Zeitloch und landet auf einem menschenleeren Flugplatz. Er konnte sich nicht an den Titel erinnern. Es war ein Sci-Fi-Thriller gewesen, ziemlich spannend. Die Passagiere irren auf dem verlassenen Airport umher und kommen erst nach und nach dahinter, welche Gefahr ihnen droht.

Am Westende des Flugfelds färbte sich der Himmel, bald würde die Sonne untergehen. Das Mountainbike hatte kein Licht, er musste also rechtzeitig die Rückfahrt antreten. Vorher wollte er noch zu Hause anrufen und den beiden Sprösslingen eine gute Nacht wünschen. Erst war er ganz verdutzt, weil sich eine unbekannte weibliche Stimme meldete, doch dann fiel es ihm ein. Klar, dienstags ging Birgitt zur Jazzgymnastik. Sonst hatte er dann auf die Jungs aufgepasst, nun hatte sie aus einer Abiturklasse eine Schülerin zum Babysitting angeheuert. In diesem Moment parkte in seinem Rücken ein Lkw. Wegen des Motorenlärms verstand das Mädel anfangs nicht, wer er war und was er wollte. Die beiden Jungs waren ganz aufgekratzt. Der Name der Babysitterin war Annika, und sie hatte versprochen, ihnen vor dem Zubettgehen einige lustige Videos auf YouTube zu zeigen. Mama hätte so was nie erlaubt! Ihm blieb kaum Zeit, den beiden eine gute Nacht zu wünschen, da legten sie schon wieder auf. Hauke lächelte. Üblicherweise ging Birgitt nach dem Sport noch mit den anderen zum Italiener, er würde sie heute nicht mehr sprechen. Ersatzweise schrieb er eine kurze SMS.

Währenddessen klappte hinter ihm die Tür des Lkw. Er schob das Telefon wieder in die Jackentasche und schaute in den Himmel, der sich immer stärker verfärbte.

«Ruhig hier, nich?», sagte eine Stimme.

Hauke drehte sich um – und erkannte den Neongelben von gestern. «Ja, herrlich.»

Der Neongelbe zog eine kleine Schachtel hervor und entnahm ihr einen Zigarillo, den er sich zwischen die Lippen klemmte. Er hielt auch Hauke die Schachtel hin, doch der wehrte mit einer raschen Handbewegung ab. Immerhin konnte er lesen, welche Marke es war. *Sprachlos* stand auf der blauen Schachtel. Der Gelbe riss ein Streichholz an und paffte.

Mit dem Zigarillo deutete der Besucher auf das Mountainbike. «Sport?»

Hauke lächelte. «Man braucht ja die Bewegung, wenn man den ganzen Tag hinterm Schreibtisch hockt.» Wie automatisch berührte er die Nasenspitze. Die Überreste des gestrigen Pickels krönte eine kleine Haube von Schorf.

«Wohl wahr.» Der Neongelbe stellte das rechte Bein auf die Rückenlehne der Bank und stützte sich darauf.

Hauke drehte sich ein wenig herum, sodass er den abendlichen Besucher besser anschauen konnte. Der sah ihn mit dem gleichen Blick an wie gestern. Hauke fühlte sich unwohl in dieser Position. Sicherheitshalber erhob er sich. Vielleicht war es ohnehin besser, den Rückzug anzutreten. Der Flughafen Parchim schien ihm weltweit der einzige Airport zu sein, an dem keine Menschenseele zu finden war.

«Ich muss dann mal … Nicht, dass ich noch in die Dunkelheit komme.» Hauke ging auf das Fahrrad zu, das er an einen Papierkorb gelehnt hatte.

«Mach man.» Der Gelbe nickte und musterte ihn, machte aber keine Anstalten beiseitezutreten. Sein Blick traf auf Haukes nackte Beine und verweilte für einen Moment auf der Radlerhose. Schließlich schaute er ihm ins Gesicht.

Hauke war es gewohnt, dass andere Menschen manchmal verstohlen, manchmal unverhohlen auf die alten Aknenarben in seinem Gesicht starrten. Der Gelbe allerdings machte sich nicht die Mühe, seinen Blick zu verbergen. Hauke hatte lange gebraucht, bis er in einer Situation wie dieser nicht mehr verlegen wurde. Wenn er den Menschen auf Augenhöhe begegnen wollte, musste er solche Blicke erwidern. In seinem Beruf wäre er sonst verloren gewesen. Er schaute dem Mann für einen Moment fest in die tiefbraunen Augen. Grad so lang, dass sein Gegenüber ihn nicht als unterwürfig einstufte, aber den Blick dennoch nicht als aggressiv wertete. Dann zog er den Reißverschluss der Jacke bis zum Kragen hoch und schwang sich auf sein Rad.

«Hau rein!», rief ihm der Mann hinterher.

Der Wald lag längst im Dunklen. Wieder dachte er an den Film. Klar, es war eine Stephen-King-Verfilmung gewesen, aber der Titel fiel ihm beim besten Willen nicht ein. Tatsächlich war es auch hier ein wenig gruselig. Er beschleunigte, geriet außer Atem und inhalierte, um sich zu beruhigen, den typischen Harzduft, der den zahllosen Nadelbäumen entströmte. Dort, wo die Landstraße die Einflugschneise kreuzte, wehte vom Flugfeld kühle Abendluft herüber. Als er endlich Parchim erreichte, hatte sich schon die Straßenbeleuchtung eingeschaltet.

Am Bahnübergang kam ihm plötzlich die Tankstelle in den Sinn. Anstatt in die Lange Straße einzubiegen, drehte er aus einer Anwandlung heraus ein weiteres Mal die Runde im Kreisverkehr und nahm kurz entschlossen die Ludwigsluster Chaussee. An der Kasse stand dieselbe Verkäuferin. Sie schaute genauso freundlich wie gestern und schien ihn nicht wiederzuerkennen.

«Sprachlos, bitte», verlangte Hauke, «eine Schachtel.»

Zurück im Apartment fühlte er sich merkwürdig aufgekratzt. Das mochte an der ungewohnten körperlichen Betätigung liegen. Er warf die Zigarillos auf den Couchtisch und sprang erst einmal unter die Dusche. Die dunkle Spur der Fahrradkette auf der rechten Wade war gar nicht so einfach abzuwischen. Das gelang ihm erst, als er eine Portion Duschgel unverdünnt einen Moment einwirken ließ.

Anschließend meldete sich sein Magen, und er füllte eine Portion Schokomüsli in eine kleine Schüssel. Zum Glück war noch genug Milch im Kühlschrank. Mit der Schale in der Hand setzte er sich aufs Sofa. Nachdem er ein paar Löffel gegessen hatte, fiel sein Blick auf die blaue Schachtel, die mitten auf dem Couchtisch lag. Er legte Schüssel und Löffel beiseite und griff danach. Direkt unter dem Markennamen *Sprachlos* warnte ein weißes Feld mit schwarzer Schrift:

Rauchen fügt Ihnen und den Menschen
in Ihrer Umgebung erheblichen Schaden zu.

Hauke lächelte und leerte die Müslischüssel. Auf einen Nichtraucher wirkte diese Art von Verbraucherschutz irgendwie aufgesetzt. Olaf hatte Zigaretten geraucht, und das nicht zu knapp. Dennoch hatte das nicht dazu geführt, dass Hauke ihm das Rauchen nachgemacht hätte.

Ungewöhnlich, dass der Neongelbe ihn spontan so sehr an Olaf erinnerte. Klar, da waren Größe, Statur und die Art zu gehen. Trotzdem gab es etliche Dinge, die die beiden voneinander unterschieden. Der Haarschnitt. Oder die Augenfarbe. Der ehemals blonde Olaf hatte fast farblose graublaue Augen, die Augen des Gelben dagegen waren dunkelbraun. Heute hatte er ganz bewusst hineingeschaut. Doch das waren alles Äußerlichkeiten. Irgendwie musste da noch mehr sein. Eine Art Ausstrahlung oder so. Gab es das überhaupt?

Hauke dachte an diesen Blick, der eine Spur zu ungeniert war. Das konnte natürlich eine Art von Aggressivität sein, aber alles in allem war der Typ doch ganz friedlich gewesen.

Was es auch war, nun wollte Hauke einfach nur diesen Geruch genießen. Er schnüffelte von außen an der Schachtel, nichts. Er durchtrennte die Steuerbanderole und schob den Deckel zurück. Endlich lagen die kleinen dunkelbraunen Zigarren vor ihm, 20 Stück. Der offenen Schachtel entströmte ein sanfter Duft. Hauke zog einen einzelnen Zigarillo heraus, führte ihn an die Nase und sog das Aroma ein. Ja, das war schon mal nicht schlecht. Er klemmte sich den braunen Stängel zwischen die Lippen, imitierte die Handbewegung, mit der der Gelbe es getan hatte. Die Zunge ertastete den ungewohnten Geschmack, und er musste sich zügeln, nicht daran zu lutschen. Er stand auf und ging die paar Schritte zum schmalen Spiegel neben der Apartmenttür. Ungewohnt sah das aus, vor allem fehlte ihm die selbstverständliche Lässigkeit. Außerdem – verflucht, er hatte wohl vorhin den Schorf an der Nase abgekratzt und dabei ein Blutgefäß aufgerissen. Jedenfalls thronte auf der Spitze des ausgedrückten Pickels ein kleiner, aber nicht zu übersehender Pfropfen geronnenen Bluts.

Hauke wischte die rote Kugel mit einem Tempotuch fort und öffnete ein Fenster, um einen der Zigarillos anzuzünden. Vergeblich suchte er in den Schubladen der Pantry nach Streichhölzern. Natürlich waren keine da, er hätte welche an der Tankstelle kaufen sollen. Zu dumm.

Dann würde er es eben morgen auf der Heimfahrt probieren, irgendwo am Waldrand. Hauke kam sich wie ein Halbwüchsiger vor, der heimlich rauchen wollte. Und wer weiß, vielleicht war genau das der Grund, weshalb es den anderen zum Flughafen gezogen hatte. Heimlich rauchen, ohne dass die Frau es mitbekam.

Andererseits, das Aroma war ja nun kaum zu verbergen. Hauke lächelte bei der Vorstellung, seinerseits zum Rauchen dorthin zu fahren. Der Typ würde am Ende noch glauben, er …

Nein, das ging ja nun überhaupt nicht.

5

Am nächsten Mittag schlenderte er von der Cafeteria die paar Schritte durch das Gewerbegebiet und kaufte bei der Tankstelle an der Bundesstraße ein Einweg-Gasfeuerzeug. Zurück im Büro stellte er das gelbe Ding neben dem Schrecklichen Sven auf den Schreibtisch. Es noch länger in der Hosentasche zu haben war ihm unheimlich, selbst wenn er darüber nachdachte, dass Tausende von Rauchern tagtäglich ihre Feuerzeuge genau dort mit sich herumtrugen.

Pass gut auf den Flammenwerfer auf, Kumpel. Und dass du Birgitt nichts verrätst!

Am Abend war er mit Volker verabredet. Er konnte den Feierabend kaum abwarten. Nicht wegen der Essenseinladung, sondern weil er endlich diese verdammten Zigarillos probieren wollte. Er lächelte. So war es ihm schon ewig nicht ergangen. Und im Grunde war es richtig spaßig, wenn man hin und wieder etwas Verrücktes tat. Vielleicht hätte er das schon viel früher mal machen sollen, auch wenn Birgitt nur den Kopf geschüttelt hätte. Aber jetzt war sie ja weit weg und würde seine kleinen Fluchten überhaupt nicht bemerken. Er nahm den Schrecklichen Sven hoch und tätschelte ihm den kleinen dicken Bauch mit dem gekreuzten Harnisch. Anschließend öffnete er den Internet Explorer und gab bei Google die Suchbegriffe *Zigarren anzünden* ein.

Auf dem Heimweg in sein Apartment musste er feststellen, dass es auf dieser Strecke gar nicht viele Waldeinfahrten gab. Schließlich hielt er kurz vor Parchim auf einem kleinen Parkplatz an. Außer ihm standen dort nur zwei Kleintransporter. Tatsächlich war er ein wenig aufgeregt. Er nahm einen Zigarillo aus der blauen Schachtel, stieg aus und lehnte sich gegen den Wagen. Was er vorhin gelesen hatte, war längst wieder vergessen. Er hielt die kleine Zigarre mit dem einen Ende in die Gasflamme und saugte am anderen. Rauch füllte ihm den Mund und gelangte auch in die Lunge, obwohl er gar nicht inhalieren wollte. Prompt bekam er einen regelrechten Hustenanfall. Doch schließlich gelang es ihm, ganz entspannt sogar mehrere Züge hintereinander zu paffen.

Auf der Bundesstraße kehrten die Pendler von der Autobahn nach Parchim zurück. Er wusste mittlerweile, dass nicht wenige die tägliche Fahrt nach Hamburg oder Berlin auf sich nahmen. Hoffentlich sieht mich hier keiner, dachte er. Andererseits, und wennschon. Dann sahen die Vorbeifahrenden eben den Personalchef der Lewitz-Haus GmbH, der auf einem Parkplatz am Rande der Straße seinen Zigarillo rauchte. Na und? Rauchen war ohnehin längst zu einer Freiluftveranstaltung geworden.

Der Neubau von Volker Astheimer befand sich in Kleinow, einem Dorf keine elf Kilometer östlich von Parchim. Hauke hätte gut mit dem Mountainbike fahren können, aber er hatte immer noch keine Beleuchtung für das Fahrrad. Die Wohnstraße, in der sich das Haus befand, war schmal. Sie bestand aus einer einspurigen asphaltierten Fahrbahn und einem ohne Absatz anschließenden Streifen aus rotem Pflasterstein. Hauke parkte den Audi in der großzügig bemessenen Grundstückseinfahrt.

Er war noch gar nicht ausgestiegen, da öffnete sich die Haustür, und eine Frau kam heraus. Sie war etwas kleiner als Volker, und man sah ihr an, dass sie ebenso gern aß wie ihr Mann. Über ihrer Jeans trug sie eine weite apricotfarbene Seidenbluse. Sie strahlte ihn an und streckte ihm die Hand entgegen. «Ich bin die Karen, herzlich willkommen. Ich freu mich so, dass Volker mal einen Kollegen mitbringt.»

Das Abendessen war vorzüglich. Es gab selbst eingelegtes Sauerfleisch zu selbst gebackenem Zwiebelbrot. Die Tochter und die beiden jüngeren Jungs stocherten schüchtern in ihrem Essen und bekamen kaum den Mund auf. Nachdem sie ihre Teller geleert hatten, wurden die drei entlassen.

«Deine Frau freut sich sicher schon?», fragte Karen.

«Hier im Dorf sind übrigens noch Grundstücke frei», ergänzte Volker.

Hauke räusperte sich. «Ich glaub, Birgitt muss sich erst einmal alles anschauen. Sie ist kein geborenes Landei, sondern Stadtmensch durch und durch. Außerdem, wenn sie hier keine Stelle als Lehrerin kriegt, kommt sie sicherlich nicht.»

Die beiden Gastgeber sahen sich an. Einen Moment lang hörte man durch die geöffnete Terrassentür die Vögel zwitschern.

«Das ist wirklich schade.» Karen erhob sich und räumte das Geschirr zusammen. «Gerade als Stadtmensch müsste sie doch froh sein, mal aus der Hektik und dem Trubel rauszukommen. Die Kinder in der Natur aufwachsen zu lassen ist doch heutzutage purer Luxus!» Mit einem Stapel Teller verschwand sie in der Küche.

Volker erhob sich ebenfalls, griff nach einer noch halb vollen Schüssel Sauerfleisch und sagte mit gedämpfter Stimme: «Du musst schon entschuldigen. Sie langweilt sich hier entsetzlich, und mit dem Kontakt zu den Dorfbewohnern könnte es auch besser laufen. Sie würde sich freuen, ein wenig Gesellschaft zu bekommen.»

«Kann ich mir vorstellen.» Hauke lächelte.

«Ich geh ihr mal kurz helfen, bleib du nur sitzen.»

Hauke ging hinaus auf die Terrasse und schaute in Richtung Waldrand. Am Himmel zeichnete sich schon die Sichel des Mondes ab. Birgitt würde es hassen, daran zweifelte er keine Sekunde. Dabei hatte Birgitt ihn einst mit ihrem Wissen über Dithmarschen beeindruckt, was nicht als selbstverständlich anzusehen war. Das war an dem Tag gewesen, als sie sich das erste Mal gesehen hatten.

Hauke hatte in der Vorlesung gesessen, sich aber wegen seines knurrenden Magens nicht wirklich auf die Grundlagen des Rechnungswesens konzentrieren können. Für ein anständiges Frühstück hatte die Zeit nicht gereicht.

In der Pause stürzte er sofort hinaus auf den Campus und lief die paar Schritte hinüber zur Grindelallee. Eine Bäckerei hatte Stühle auf dem Fußweg aufgestellt. Er ging hinein, kaufte einen Becher Cola und ein Würstchen im Schlafrock. Nach und nach füllten sich die Tische. Hauke biss in das Würstchen und studierte das Vorlesungsskript. Ab und zu schaute er auf die andere Straßenseite hinüber. Dort befand sich ein großer Laden, der ausschließlich Produkte und Zubehör rund um Apple-Computer anbot. Gern hätte er sich einen von diesen neuen iPods gekauft, aber am Ende siegte immer wieder der Geiz. Die Dinger waren einfach viel zu teuer.

Ein pummeliges Mädel mit drei sehr auffälligen Pickeln auf der Stirn sprach ihn an und fragte, ob die übrigen Plätze am Tisch noch frei seien. Er schaute kurz auf, nickte und widmete sich wieder dem Skript. Warum sprachen die pickligen Mädel immer ausgerechnet ihn an? Er mochte keine Pickelgesichter, es reichte schon, wenn er selbst eins hatte. Dann kamen auch ihre beiden Freundinnen. Die Mädels schnatterten, und er hörte nicht zu. Allerdings war eine mit kastanienbraunem Haar dabei, die schaute ihn unentwegt an. So konnte er nicht umhin, zurückzuschauen.

Die mit dem Pickelgesicht sprach ihn schließlich an. Ob er sich in Hamburg auskenne. Die drei kicherten.

Hauke schaute auf. «Ich? Nee, ich bin aus Wesselburen.»

Das Pickelgesicht gackerte. «Wesselburen? Wo ist das denn?!»

Nur die mit dem kastanienbraunen Haar lächelte und sagte: «In Dithmarschen, weiß man doch. Geburtsort von Friedrich Hebbel.»

Nach dem Essen brachen die beiden Männer zu einem Abendspaziergang auf. Die Wohnstraße ging am Dorfrand in einen sandigen Waldweg über, der geradewegs in einen Kiefernwald führte. Das Gespräch drehte sich zunächst um die Firma; Volker erkundigte sich, wie weit Haukes Einarbeitung gediehen war. Hauke erwähnte kurz sein Gespräch mit Uwe Herrmanns.

«Er ist der heimliche Firmenchef, wie du sicher bemerkt hast», sagte Volker.

«Den Eindruck hatte ich auch.»

«Nimm dich in Acht vor ihm. Er ist ein Machtmensch, kann gut mit dem Chef und ist ein Kontrollfreak. Aber lass uns mal von was anderem reden.» Sie bogen in einen Seitenweg. «Deine Angetraute will also lieber in Hamburg bleiben?»

Hauke atmete tief durch. «Na ja, sie sagt, sie hat auch ein Recht auf Karriere, nicht nur ich.»

«Lass ihr noch ein bisschen Zeit.» Volker haute ihm auf die Schulter. «Genieß einfach die unerwartete Freiheit, so ganz ohne Pflichten. Jeden Abend, während unsereiner im Verlies der Ehe schmort.»

Sie näherten sich einer Senke. Beiderseits des Wegs und in den Fahrspuren stand immer noch Wasser, obgleich es schon mindestens zwei Tage nicht mehr geregnet hatte. Um trockenen Fußes voranzukommen, balancierten sie auf dem erhöhten Wulst in der Mitte, der allerdings recht glitschig war.

«Warten wir erst mal ab, wie sich alles so entwickelt. Hast du deine Family denn gleich nachkommen lassen?» Um nicht in die Pfütze zu rutschen, sprang Hauke kurz entschlossen auf einen grasbewachsenen Streifen am Wegrand.

«Nach zwei Monaten. Karen konnte es nicht länger aushalten ohne mich.» Volker eierte mit seinen Sportschuhen über den an dieser Stelle vollends aufgeweichten Wulst.

Dort, wo der Weg wieder trockenfiel, warteten zwei kräftige Kerle in Zunfthosen darauf, dass sie die Passage frei machten. Die beiden erwiderten Volkers Gruß und stapften dann hinein in den Matsch. Hauke wandte sich um und schaute ihnen nach.

«Brauchst es gar nicht versuchen, bei denen landest du nicht», flüsterte Volker.

Hauke drehte sich abrupt um. Was sollte das denn heißen?

«Du sahst so aus, als wolltest du sie vom Fleck weg anheuern. Der Glatzkopf stammt zwar hier aus dem Dorf, aber sie leben und arbeiten beide in Hamburg. Sie werden also kaum bei uns anfangen.»

«Das kann man nie wissen», murmelte Hauke, noch ganz verwirrt.

Volker lachte und haute ihm auf die Schulter. «Im Ernst, auch wenn die beiden nicht so aussehen, sie sind verheiratet. Miteinander. Die Welt ändert sich auch in Meck-Pomm.» Er kickte einen auf dem Weg liegenden Kiefernzapfen ins

Dickicht. «Irgendwann sind wir Heteromänner die Exoten. Dann müssen die Emanzen sehen, wie weit sie mit ihren Vibratoren kommen.»

«Du weißt, wie schwer es ist, gute und verlässliche Leute zu finden.» Hauke drehte sich noch mal um, aber die beiden waren im Halbdunkel des Waldes nur noch schemenhaft zu erkennen. Schade. «Aber, um auf das Thema von eben zurückzukommen, Birgitt ist wenigstens nicht eifersüchtig. Zum Glück. Ich kann ganz entspannt das Ende der Probezeit abwarten.»

Volker lachte auf. «Das kann ich von Karen leider nicht behaupten. Die zwei Monate haben aber gereicht, damit ich dir 'n paar Tipps für die Nacht geben kann, sollte mal der Druck zu hoch sein.»

Der Rundweg durch den Wald mündete wieder in Volkers Wohnstraße. Die beiden stampften ein paarmal mit den Füßen auf den Asphalt und hinterließen eine Spur kleiner und großer Lehmklumpen, die aus dem Profil ihrer Schuhe herausfielen.

«Wenn du willst, verrate ich dir auch, um welche Chicks du in der Firma 'nen großen Bogen machen musst. Welche da auf Firmenschlampe machen.»

«So was gibt's auch?»

«Gibt's die nicht überall?!»

6

Beim Betreten des Firmengebäudes fiel sein Blick wie jeden Morgen auf Mandy.

«Guten Morgen, Herr Boie», rief sie ihm zu.

Ob sie Volkers Firmenschlampe war? Natürlich stellte sie eine potenzielle Anwärterin dar, doch seine Menschenkenntnis sagte ihm, dass die Dinge nie so einfach lagen, wie sie auf den ersten Blick ausschauten. Als Personalchef kannte er die nackten Zahlen ganz genau. Von den 156 Mitarbeitern der Lewitz-Haus GmbH waren genau 31 Frauen. Vier davon befanden sich derzeit im Mutterschutz.

Während er die Treppen hinaufstieg, schallte aus dem Foyer lautes Klacken herauf. Das konnte nur eine der Lohnbuchhalterinnen sein, deren Äußeres ihm vom ersten Tag an im Gedächtnis geblieben war, nicht jedoch ihr Name. Die Mitarbeiterin fiel durch ungewöhnlich lange Beine auf, die sie durch ausgesuchte Pumps noch betonte. Jeden Morgen tauschte sie auf dem Firmenparkplatz ihr Schuhwerk und stöckelte dann hinauf ins Büro. Es stellte sich lediglich die Frage, ob eine nuttige Optik mit tatsächlicher sexueller Verfügbarkeit gleichzusetzen war. Vielleicht gefiel es ihr einfach, ein wenig mit der Fantasie der männlichen Kollegen zu spielen, die zweifellos um sie herumscharwenzelten.

An seinem Schreibtisch angekommen, stupste er zur Begrüßung den Schrecklichen Sven kurz an.

Moin, Kumpel, gestern hab ich zwei Kerle gesehen, du würdest staunen. Solche Kaliber müssten wir hier einstellen!

Früher oder später musste er sich auch Gedanken zum Thema Personalmarketing machen. Gute und zuverlässige Leute waren schon jetzt schwer zu bekommen. Ganz besonders, wenn sie im Kundenkontakt eingesetzt werden sollten, im Bereich Montage oder Service. Er hätte Volker wenigstens fragen sollen, ob die beiden Zimmerleute oder Dachdecker waren. Wenn sie aus der Gegend stammten, hatten sie vielleicht ein Interesse daran, wieder in heimatliche Gefilde zurückzukehren. Der Optik nach zu urteilen, waren sie Kunden gegenüber vorzeigbar, immerhin. Jedenfalls glaubte Hauke das, denn je mehr er sich zu erinnern versuchte, desto verschwommener wurde das Bild der beiden vor seinem geistigen Auge.

Männern nachzuschauen, hatte er sich mühsam abgewöhnt. Wenn, dann musste das ganz schnell gehen. Im Vorübergehen den Blick schweifen lassen, mehr gestattete er sich nicht. Eine Ausnahme bildeten Situationen, wo er unbemerkt schauen konnte.

Sein Blick wanderte vom PC nach draußen zu den Fertigungshallen. Beim Raucherunterstand klönten drei Montagearbeiter. Besonders der linke von den dreien fiel ihm auf, ein kleinerer athletischer Typ mit sympathischem Dauerlächeln. Sie trugen zwar alle die gleiche, firmeneinheitliche Arbeitskleidung, seine ockerfarbene Latzhose saß aber eine Spur zu knapp und betonte dadurch den Hintern.

Genau wie Rüdiger, sein Stubenkamerad damals beim Bund und ein klassischer Frauentyp. Digger nannten sie ihn, und gelegentlich hatte er ihn nach Rendsburg ins Havana begleitet.

Eines Abends hatte er im Havana eine Brünette kennengelernt, die Ute hieß, aus Böklund kam und ein wenig schüchtern war. Wenn er sie bei der lauten Musik richtig verstand, tanzte sie gern. Also tanzten sie, obwohl Hauke tanzen hasste. Ihm war schleierhaft, wie man Frauen anbaggern sollte, wenn man nicht miteinander reden konnte. Rüdiger dagegen wusste sehr wohl, wie man das anstellt. Mit einer Blondine lehnte er eng umschlungen gegen einen Pfeiler neben der Tanzfläche.

Irgendwann langweilte ihn die Tanzerei, und Ute ging es wohl ebenso. Nach Mitternacht fiel ihr urplötzlich ein, sie müsse rasch ihre noch nicht volljährige Schwester nach Hause bringen. Zu seinem Pech war Digger schon längst verschwunden. Hauke stand auf einmal allein da.

Kurz entschlossen stellte er sich mit ausgestrecktem Daumen an die Straße, was blieb ihm andres übrig. Tatsächlich dauerte es nicht lang, ein Mazda hielt, und Hauke stieg ein. Der Fahrer roch nach Deospray, war beinahe doppelt so alt und wollte noch nach Husum. Im Auto lief Delta-Radio, Hauke wippte im Takt der Musik. Beim Abbiegen rutschte die rechte Hand des Fahrers vom Schaltknüppel und landete zufällig auf Haukes Knie.

Der Fahrer lachte.

«Macht nix», antwortete Hauke und lachte seinerseits.

In der nächsten Kurve wiederholte sich der Zufall.

Wieder lachte Hauke. Der Fahrer trug einen Pullover mit V-Ausschnitt und sah wie ein Beamter der Kreisverwaltung aus. Sie fuhren inzwischen die schnurgerade Strecke auf Norderstapel zu.

Plötzlich hielten sie in der Einmündung eines Feldwegs. Schon lag die Hand wieder auf Haukes Knie.

«Hör zu», sagte der Mann. «Ich weiß, du bist nicht schwul.

Aber du kannst auf die Schnelle 'nen Fuffi abgreifen, wenn du nicht prüde bist.»

Im glatt rasierten Gesicht des Mannes erkannte Hauke ein unsicheres Lächeln, den Hals schnürte ein winziger Krawattenknoten. Das wäre seine Chance, es einfach mal auszuprobieren. Niemand würde etwas mitbekommen. Delta-Radio spielte AC/DC. Auf die 50 Mark kam es ihm nicht an. Die Hand auf seinem Knie zitterte ein klein wenig. Ihm war nicht einmal klar, was der Alte von ihm erwartete. Sicherlich wollte der ihm am Schwanz lutschen, darauf waren die Homos doch alle scharf. Die zitternde Hand schob sich in seinen Schritt. Sein Schwanz war längst steif, das Gesicht des Alten hellte sich auf.

Hauke ballte die Faust. Um den Lauf der Dinge zu stoppen, brauchte er nur zuzuschlagen. Mit der alten Schwuchtel werd' ich schon noch fertig, dachte er.

Schließlich schob er einfach nur die fremde Hand zur Seite und öffnete die Wagentür. «Lass mal stecken. Und das letzte Stück geh ich besser zu Fuß.»

Der Fahrer legte die Hand zurück aufs Lenkrad. «Quatsch, ich bring dich noch nach Stapelholm zur Kaserne.»

Zurück in der Stube warf Hauke sich aufs Bett; er schaute zur Zimmerdecke, wo die Neonleuchten leise surrten. Andere Kameraden hatten auch schon von solchen Erlebnissen berichtet. Also war es nichts Besonderes. Und, er konnte stolz auf sich sein. Er hatte dem eindeutigen Angebot und der Verlockung des Geldes widerstanden. Klar, er war schließlich nicht schwul.

Zwischenzeitlich kehrte auch Digger in die Kaserne zurück. Er schnüffelte im Zimmer herum, schimpfte und verschwand sofort unter der Dusche. Ob er ihm von seinem Erlebnis berichten sollte? Hauke entschied sich, lieber zu schweigen.

Nach einer Weile kam Digger mit einem Handtuch Hüften zurück und knurrte immer noch. «Alter, ic den verdammten Geruch nicht los. Hast du die Alte gese die ich klarmachen wollte?»

Hauke schüttelte den Kopf. Er war zu sehr mit der Böklunderin beschäftigt gewesen.

«Also: Wir sitzen im Auto, haben schon mindestens 'ne halbe Stunde rumgemacht, so wie sie es eben gernhaben. Schließlich hat man 'nen Ruf zu verlieren. Mir steht bald der Saft schon bis sonst wo. Ich mach also den Netten, wir ziehen hübsch nach hinten auf die Rückbank, damit auch ordentlich Platz ist. Ich rück extra noch die Frontsitze vor. Okay, sie pellt sich schon mal raus aus ihrer Büx, und ich denk, dass ich sie nun endlich dübeln kann. Da jammert sie, sie hätte ihre Tage.»

«Oh nein!» Hauke ging zum Spind, seinen Flachmann mit Bommerlunder holen. Er hielt ihn zuerst dem Stubenkameraden hin. «Du auch?»

«Sauber, das brauch ich jetzt. Also ich sag, mir wär das egal. War's mir auch, ich wollte nur noch einlochen. Also Gummi über die Rübe und rein damit. Sie hat noch gejammert von wegen trocken und so. Mit dem Gummi merkst du das ja nicht unbedingt. Hab sie dann hinterher nach Haus gebracht, war gar nicht weit. Ascheffel, wenn dir das was sagt.»

Nein, das sagte Hauke nichts. «Hauptsache, du bist zum Schuss gekommen.»

«Scheiß drauf, gib mir noch 'n Schluck von dem Bommi.» Digger langte nach dem Flachmann. «Das Beste weißt du ja noch nicht. Auf der Rückfahrt find ich's kalt, und ich dreh die Heizung hoch. Sofort fängt's an, so merkwürdig zu riechen. Hier auf dem Parkplatz gleich nachgeguckt, und was find ich da? Ihren Fotzentorpedo unter dem Beifahrersitz!» Digger schüttelte sich. «Noch 'n Schluck, bitte.»

Beim Gedanken daran schüttelte Hauke sich mit. «Der Torpedo, hast du den … ich meine, wie hast du den rausgekriegt?»

«Na, wozu gibt's im Verbandskasten wohl diese verdammten Einweghandschuhe?!»

7

Nach Feierabend schwang Hauke sich auf den Drahtesel und spürte sofort die Druckstellen, als er sich auf dem harten Sportsattel niederließ. Wieder nahm er die Landstraße in Richtung Westen und drehte einen Bogen durch die Lewitz. Auf dem Rückweg fielen ihm am Waldrand die verfallenen Überreste sowjetischer Kasernen auf. Längst hatte die Natur sich wieder ihrer bemächtigt, hatte verwitterte Betonplatten und rohe Ziegelwände gnädig mit grünem Blattwerk zugedeckt. Und plötzlich erinnerte er sich auch an den Titel des Films, der ihm schon mehrmals durch den Kopf gegangen war: *Langoliers*. Die Langoliers waren Monster, die dem Lauf der Zeit folgten und die verbrauchte Welt auffraßen. Hauke spuckte aus, weil eine Mücke sich in seinen Mund verirrt hatte. Als rechter Hand die Straße in Richtung Flugplatz abzweigte, konnte er nicht widerstehen.

Minuten später saß er auf der gleichen Bank wie vor ein paar Tagen. Er war spät dran, am westlichen Ende des Flugfelds ging die Farbe des Himmels schon in ein tiefes Orange über. Hätte er nur die Zigarillos eingesteckt. Das wäre jetzt die richtige Atmosphäre gewesen, einen davon zu genießen. Keine Flugzeuge, keine Lkws, nur das gelegentliche Zirpen einzelner Grillen auf der riesigen Freifläche aus Gras und Beton. Er atmete tief durch, vom Flugfeld wehte kühle Luft in Richtung Wald. Nun war es beinahe ganz dunkel. Tatsächlich würde es ohne Licht auf der Landstraße lebensgefährlich werden. Schweren Herzens trat er den Rückweg an.

Mitten im Wald wurde das Rad langsamer und langsamer. Hauke trat immer kräftiger in die Pedale. Längst hatte er in den kleinsten Gang hinuntergeschaltet. Irgendetwas war nicht in Ordnung. Er stieg ab und tastete nach dem Hinterrad. Verdammt, ein Plattfuß. Ein Auto kam rasch näher, und Hauke konnte sich in letzter Sekunde noch samt Fahrrad auf den Grünstreifen retten. Tiefe Dunkelheit umgab ihn. Kaum war er wieder ein paar Schritte gegangen, folgte schon der nächste Wagen. Überrollt auf einer nächtlichen Landstraße, so hatte er sich sein weiteres Schicksal nicht erträumt. Er musste hier einfach nur weg. Ein wenig fühlte er sich wie auf der Flucht. Wie im Film, wo sie versuchten, den Langoliers zu entkommen. Nun musste er doch unwillkürlich lächeln. Wenigstens war das Rad leicht. Er schulterte das edle Bike und ging zu Fuß weiter. Immer wenn von hinten Motorengeräusche zu hören waren, suchte er rechtzeitig Zuflucht auf dem Seitenstreifen. Weit war er noch nicht gekommen, als ein Lkw plötzlich bremste und den Rückwärtsgang einlegte. Etwa auf seiner Höhe hielt er an und schaltete die Warnblinker ein.

Auf der Fahrerseite klappte die Tür, und dann stand plötzlich sein neongelber Freund vor ihm. «Haste 'nen Platten?»

Nur ein paar Minuten später lag das Rad auf der leeren Ladefläche, und Hauke saß auf dem Beifahrersitz. «Das ist ja echt Zufall gewesen. Danke dir.»

«Hast Glück, bin spät dran. Hab deine Reflektoren gesehen. Wo soll ich dich absetzen?»

«Moltkeplatz, den Rest geh ich zu Fuß, dann musst du mit dem Lkw nicht durch die Innenstadt.»

Vor dem Bahnübergang senkten sich die Schranken. Der

Gelbe stoppte den Motor. Als der Playmo-Zug vorbeifuhr, fluchte er. «Scheiße, das war meiner.»

«Du wohnst nicht in Parchim?»

«Nee, ich bring den Wagen zur Firma und fahr dann mit dem Zug nach Lübz.»

«Und das heute Abend noch?»

«Jeden Abend», brummte der Gelbe, «gewöhnste dich dran.»

«Was für 'n Umstand. Jetzt hab ich 'n schlechtes Gewissen. Weißt du was? Ich bring schnell das Rad ins Hotel, komm dann mit dem Wagen zu deiner Spedition und bring dich. Dann sind wir quitt.»

Der Gelbe blickte ihn wie die Tage zuvor mit diesem fordernden Ausdruck an; Hauke hielt ihm zur Bestätigung die Hand hin, und der Gelbe schlug ein. Die Schranken hoben sich wieder. Ein paar Minuten später hastete er mit dem Fahrrad auf der Schulter in Richtung Hotel. Auch bei Stephen King war einigen der Passagiere die Flucht vor den Langoliers gelungen. Sie passierten das gleißende Nordlicht, synchronisierten sich mit dem Lauf der Zeit und fanden sich am Ende in ihrem eigentlichen Leben wieder.

Es dauerte genau 18 Minuten, bis Hauke vor dem Betriebshof der Spedition eintraf. Schon von Weitem sah er den glühenden Punkt des Zigarillos, den der Gelbe in der Hand hielt.

«Darf ich im Wagen weiterrauchen?», fragte er.

«Wenn du das Fenster aufmachst.»

«Jetzt haben wir's ja nicht mehr eilig. Ich rauch sie einfach eben hier zu Ende, wenn's dich nicht stört.»

«Kein bisschen.»

Sie standen beiderseits des Wagens, der Gelbe schaute prüfend das Auto an, sagte aber nichts und lehnte sich dann auf das Wagendach. Über den Audi hinweg blickten sie einander an.

«Ich bin übrigens Hauke.»

«Jens.» Er zog ein letztes Mal am Zigarillo, zertrat ihn dann auf dem Boden und öffnete die Wagentür.

Hauke startete den Motor. «Ich hab jetzt einen mörderischen Hunger. Wollen wir noch was essen gehen? An der Hauptstraße hab ich 'nen Griechen gesehen.»

Ohne auf die Antwort zu warten, bog er an der nächsten Kreuzung links ab.

«Meinetwegen. Aber du hättest nicht abbiegen brauchen. Gagarin-Ring is' 'n Umweg.»

«Ich nehme bitte einmal das Moussaka und 'ne Cola», sagte Hauke zu dem Kellner mit den dunklen gegelten Haaren und dem schmalen Notizblock.

«Ich das Gleiche», sagte Jens. Er hatte die Jacke über einen Stuhl gehängt und saß da im schwarzen T-Shirt, auf der Brust die Aufschrift *Fischkopp* und das Logo vom F. C. Hansa Rostock.

«Wenn hier einer 'n Fischkopp ist, bin ich das wohl», sagte Hauke und deutete auf das Shirt.

«Als Hamburger?» Jens lachte.

«Ich bin Dithmarscher. Aus Wesselburen an der Westküste. Bei uns ist Fisch noch als offizielles Zahlungsmittel zugelassen.»

«Ich dachte, dafür nehmt ihr Kohlköpfe.»

Hauke lachte. «Hey, du machst hier einen auf wortkarg, und dabei kennst du dich aus.»

«Hätt'ste wohl nicht gedacht, was?» Jens spielte mit einem Bierdeckel und sah ihm in die Augen.

Sie saßen einander gegenüber. Hauke fiel es schwer, diesem Blick auszuweichen. Plötzlich ging sein Telefon. Birgitt war dran, etwas besorgt, weil Hauke noch nicht angerufen hatte. Tatsächlich hatte er noch keine Sekunde an sie gedacht. Er berichtete kurz von seiner Fahrradrunde, der Panne auf dem Rückweg und dass er grad mit dem freundlichen Retter beim Griechen säße. Zum Abschied schmatzte er einen Kuss ins Telefon, und ihm war, als würde Jens dabei spöttisch lächeln. Aufmerksam beobachtet hatte er ihn während des Telefonats auf jeden Fall.

«Familie?», fragte Jens.

Während Hauke ihm auf dem Telefon Bilder von Frau und Kindern zeigte, brachte der Kellner zwei Steingutschalen mit dampfendem Auflauf, dessen Kruste goldbraun glänzte.

Jens pustete zum Kühlen auf seine Gabel voller Hackfleisch. «Ich hab meine Frau auch mal alleingelassen. Als ich zurückkam, hatte sie schon 'nen anderen.» Er schob die Gabel in den Mund.

Hauke kaute auf seinen Kartoffeln und dachte an Birgitt. Er konnte sich beim besten Willen nicht vorstellen, dass sie mit einem anderen … «Bist du», Hauke räusperte sich, «bist du allein?»

Jens legte sein Besteck auf den Teller, schaute ihn an und sagte mit großer Bestimmtheit: «Ich habe irgendwann beschlossen, nur noch das zu tun, was mir guttut, nur mir allein.» Dann spießte er ein paar Auberginen auf seine Gabel. «Alles klar?»

«Klar.» Hauke schluckte die Kartoffeln hinunter.

«Und, die Gelegenheit schon mal genutzt, fern von zu Haus?» Jens grinste und bleckte dabei die Zähne.

«Quatsch», sagte Hauke, «natürlich nicht!»

«Wieso nicht?» Jens lachte auf, nahm einen Schluck Cola und beugte sich ein wenig vor. «Du stehst doch auf Frauen, oder?» Diesmal relativierte kein falsches Lachen die Frage.

Hauke hörte auf zu kauen und sah von seiner Moussaka auf. Olaf hatte ihn das nie gefragt, niemals.

Jens hüstelte ein wenig, wohl um die Pause im Gespräch zu überspielen, die langsam peinlich wurde. «Wollte dir nicht zu nahe treten», murmelte er.

Hauke fing sich wieder. «Lass mich eins klarstellen. Ich bin nicht schwul, falls du das meinst.» Er legte dabei viel Bestimmtheit in seine Stimme und betonte jedes einzelne Wort.

«Natürlich nicht», antwortete Jens und rieb die Kanten zweier Bierdeckel aneinander.

So spät in der Nacht brauchten sie für die 15 Kilometer bis Lübz keine 20 Minuten. Jens wohnte in einer Siedlung dreistöckiger Mietshäuser, vermutlich aus DDR-Zeiten, aber längst modernisiert. Im Dunkeln sahen sie ganz passabel aus.

«Noch 'n Kaffee?», fragte Jens. «Nicht, dass du mir auf dem Rückweg einschläfst.»

Hauke wusste, dass das purer Unsinn war, und dennoch trottete er die drei Treppen hinter Jens her. Wenigstens aus Höflichkeit wollte er mitgehen, vielleicht auch aus Neugierde. Den Namen an der Wohnungstür prägte er sich bewusst ein, man konnte ja nie wissen. Jemand hatte mit dem Tintenstrahldrucker ein Schild *Jens Schweiger* improvisiert, ausgeschnitten und mit Tesafilm unterhalb des Spions an die Tür geklebt.

Die Wohnung sah auf den ersten Blick aufgeräumt aus, ganz anders als damals Olafs Bude, wo der junge Hauke nach dem einen oder anderen kapitalen Besäufnis schon mal übernachtet hatte. Aber als Heranwachsenden hatte ihn das herzlich wenig gestört. Jens warf die Warnschutzjacke über einen

Garderobenhaken und öffnete eine der Türen im Flur, hinter der sich offenbar das Badezimmer befand. Ohne sie wieder zu schließen, klappte er den Klodeckel hoch und strullte mit kräftigem Strahl in das Becken. Schließlich gab er ein erleichtertes Stöhnen von sich und drückte die Spülung.

Hauke stand noch im Flur und wusste nicht, wo er hinschauen sollte. Die Jacke mochte er nicht ausziehen, weil er ja nur den Fahrrad-Einteiler drunter trug. Unterdessen hatte Jens in der Küche Licht gemacht und füllte Wasser in die Kaffeemaschine. Hauke folgte ihm und lehnte sich gegen die Arbeitsplatte der Einbauküche. Aus einem der Oberschränke nahm Jens eine frische Packung gemahlenen Kaffee und riss mit einer Handbewegung die Umverpackung auf.

Dann hielt er inne und sah Hauke an. «Erst der Kaffee oder erst blasen?»

«Blasen?»

«Deswegen biste doch mitgekommen.»

Hauke wünschte sich inständig, rot im Gesicht zu werden, aber wie es schien, sammelte sich all sein Blut im Schritt. Und weil er diesen verdammten engen Einteiler trug, war die Erektion nicht zu verbergen. Dabei hatte er doch keinen Zweifel aufkommen lassen wollen, dass er darauf gerade eben nicht stand. Warum nahm Jens ihm das nicht ab?

«Du kannst auch 'nen Schnaps haben, wenn dir das lieber ist. Da muss noch 'ne Flasche Nordhäuser rumstehen.»

Hauke wurden die Knie weich. Das Beste war, er haute sofort wieder ab. Raus aus der Wohnung und weg. Was war das nur für eine bekloppte Idee gewesen, hier mit hochzugehen. Es war wie in einem dieser Albträume, wo man weglaufen muss, aber nicht kann, weil die Füße einfach nicht laufen wollen.

«Also doch 'n Schnaps.» Jens zuckte die Achseln, stellte das

Kaffeepaket wieder in den Schrank und öffnete stattdessen den Kühlschrank. Tatsächlich, die Flasche war noch ungeöffnet. Er nahm ein Wasserglas aus einer Vitrine und füllte es zur Hälfte. «Runter damit!»

Ich muss verrückt sein, dachte Hauke und kippte sich mit einem Ruck das Zeug in den Hals. Er schüttelte sich kurz und heftig, denn diese Menge war er nicht gewohnt. Rasch flutete wohlige Wärme seinen Körper. Und schon bereute er, den Schnaps getrunken zu haben, denn jetzt konnte er nicht einmal mehr mit dem Wagen zurückfahren. Jens nahm ihm das leere Glas aus der Hand, zog sich das Fischkopp-Shirt aus und hielt es ihm unter die Nase. Hauke schnüffelte erst ein wenig, nahm es schließlich selbst in die Hand und presste das Gesicht hinein. Er atmete tief durch und mochte gar nicht wieder aufhören, denn der Alkohol tat nun seine Wirkung. Tatsächlich roch der ganze Kerl nach diesen Zigarillos, der Bart, das dichte Brustfell, selbst die marineblaue Arbeitshose. Er schnupperte kreuz und quer, denn das war alles sowieso wider jede Vernunft, und morgen würde er darüber lachen, ganz bestimmt sogar. Schließlich öffnete Jens den Hosenlatz, und Hauke sank auf den Küchenfußboden.

Im Traum lag er mit Olaf im Zelt. Der Freund schmiegte sich mit dem Bauch an seinen Rücken und hielt ihn fest im Arm. Diese Art von Geborgenheit hatte er seit Langem nicht gespürt. Vielleicht als Kind auf dem Schoß der Mutter. Der Vater war mit Zärtlichkeiten ohnehin knauserig gewesen. Nun hielten ihn Olafs starke Arme umschlungen, und ein klein wenig spürte er die Kraft, die in ihnen schlummerte, wenn Olaf sich mal bewegte und ihn dabei drückte. Hauke rollte sich in ihrem Schutz ganz klein zusammen. Der Freund knabberte ihm am Ohr und rieb sich an seinem Rücken.

Halbschlaf verdrängte den Traum. Hauke merkte, es gab gar kein Zelt. Obendrein war es stockdunkel und vollkommen still. Er war auf keinem Rockfestival. Eine raue Hand schob sich über seinen Bauch und tastete sich bis zum Schritt voran. Schlagartig war er hellwach.

Den fremden Armen entströmte eine Energie, die auf ihn übersprang und eine Art Schutzschirm um sie herum aufspannte. In Dankbarkeit liebkoste er mit den Lippen einen haarigen Handrücken, seine Zunge glitt an Adern entlang, erforschte in plötzlicher Neugier ihren mäandrierenden Verlauf. Ein Finger schob sich ihm in den Mund, und der schmeckte nach Salz und herbem Tabak. Dicht an seinem Ohr ging gleichmäßiger Atem, dessen schwacher Luftzug die Nackenhärchen kitzelte.

«Keine Sorge, alles läuft safe.»

Jens hatte kaum hörbar geflüstert, doch Hauke erstarrte. Die entspannende Wirkung des Alkohols war längst vergangen. In seiner Abwehr stemmte er sich gegen die beiden fremden Arme, deren schiere Kraft ihn am Ende doch übermannte.

Nachdem seine Gegenwehr erlahmt war, wandelte sich die Umklammerung erneut in zärtliche Berührung. Fingerkuppen glitten über die Kraterlandschaft auf seinen Wangen, als wollten sie sie glätten. Eine Zunge spielte mit seinem Ohrläppchen und wanderte den ganzen Körper entlang. Genau das hatte er sich einst in den Zeltnächten herbeigesehnt. Er seufzte und schmiegte sich noch ein wenig enger an den fremden Mann.

Jens presste ihm die Hand auf den Mund, während er mit einer Kraft in ihn eindrang, als wollte er ihm die Eingeweide austreiben. Hauke fürchtete, keine Luft zu bekommen, warf den Kopf hin und her und biss dabei in die Hand, deren Finger sich wieder in seinen Mund schoben. Ein scheinbar endloser Kampf, dessen Ausgang doch von vornherein feststand. Fremder Schweiß brannte auf seinem Rücken, perlte hinab und vermischte sich schließlich mit seinem eigenen. Zu guter Letzt ließ die körperliche Erschöpfung beide Männer wieder in die behütete Welt des Schlafs abtauchen.

Um halb sechs sprang der Radiowecker an. Längst war es nicht mehr vollkommen dunkel. Auf seiner Brust ruhte eine Hand, und erstmals studierte er mit den Augen die feinen Härchen und dunkelblauen Adern auf ihrem Rücken. Hauke zog den andern ein bisschen dichter an sich heran. Wenigstens für einen Moment wollte er noch das Gefühl genießen, dass alles gut war.

8

Immer gleichmäßig atmen, ganz gleichmäßig. Doch alle Beschwörungen halfen nicht. Atemlos hechelte er Jens hinterher, immer den schmalen Weg entlang, der sie zum Ufer der Elde bringen sollte. Er fluchte innerlich darüber, dass er so untrainiert war. Jens hatte schon einen stattlichen Vorsprung gewonnen und drehte immer wieder einige Extrarunden, hier um einen Haufen Findlinge, dort um einen einzelnen Baum, damit der Abstand zwischen ihnen nicht zu groß wurde.

«Willst du mich jetzt auf diese Weise umbringen», keuchte Hauke, «wo du's letzte Nacht nicht geschafft hast?»

Jens ging nicht auf die Anspielung ein, grinste nicht einmal. «Du solltest an deiner Ausdauer arbeiten», stellte er mit sachlichem Unterton fest.

«Sag bloß, du machst das jeden Tag?»

«Jawoll», antwortete Jens und startete zu einem kleinen Extrasprint in Richtung einer ehemaligen genossenschaftlichen Stallanlage, die längst verfallen war.

Weil die Seitenstiche schlimmer wurden, blieb Hauke stehen und schaute dem Mann hinterher. Es war kaum zu glauben, aber der zeigte keinerlei Anzeichen von Ermüdung. In der Ferne brummte auf der Bundesstraße eine Sattelzugmaschine ohne Auflieger vorbei. Das Gras am Rande des Wegs war feucht von Tau, die Bäume warfen noch lange Schatten.

Federnden Schritts kehrte Jens zurück. «Unsereiner macht

hier den Satelliten, und du bist schon am Abklappen? Wie alt biste überhaupt? Beim Militär warste wohl nicht.»

«35.» Langsam gewann Hauke wieder Atem. «Klaro war ich, Zett-Zwo sogar.»

«Zett-Zwo …» Jens musterte ihn von oben bis unten. «Euch hätten wir wirklich weggeputzt wie nix.» Ein Lächeln huschte über sein Gesicht, dann lief er wieder los. «Versuch am Jahrgang 66 dranzubleiben!», rief er aus gut zehn Metern Entfernung, um schließlich über einen Supermarktparkplatz zu entschwinden.

Wenn der Kerl nicht warten wollte, konnte Hauke auch ruhig einen Gang zurückschalten. Lieber konzentrierte er sich darauf, den Rückweg zu finden. Jens erwartete ihn in der offenen Haustür, nahm dann im Treppenhaus aber immer drei Stufen auf einmal. Im Wohnungsflur riss er sich das T-Shirt vom Leib und stand schweißüberströmt da. Am liebsten hätte Hauke sich ihm an die haarige Brust geworfen, um das nächtliche Programm noch einmal zu wiederholen.

Jens packte die Hand, die sich ihm entgegenstreckte. «Nix da, ab unter die Dusche!»

Als Hauke aus dem Bad kam, saß Jens schon am winzigen Küchentisch. Die mit hellgrauem Resopal beschichtete Tischplatte ruhte auf dünnen Beinen aus verchromtem Stahlrohr. Die Kaffeemaschine blubberte noch ein wenig, aber Jens füllte jedem einen Becher. Er selbst gab reichlich Zucker dazu. Tropfen zischten auf der Warmhalteplatte. Über der Tür hing eine batteriebetriebene Uhr, deren Sekundenzeiger mit sanftem Klacken voranschritt. Der Tisch war überschaubar eingedeckt: zwei weiße Frühstücksbretter, zwei Messer, eine Plastiktüte mit geschnittenem Graubrot, ein Salzstreuer und eine geschlossene Tupperdose. Jens öffnete die Tupperdose und beschmierte seine Scheibe Brot fingerdick mit Griebenschmalz. Anschließend bestreute er es mit Salz. Misstrauisch beäugte Hauke die Dose.

«Kannst du ruhig essen, ist von meiner Mutter.»

Hauke fasste sich an die Nase. «Das ist eher wegen der Pickel …»

Jens stand wortlos auf und holte ein paar Schmelzkäse-Dreiecke aus dem Kühlschrank.

«Und du machst das wirklich jeden Morgen, auch sonntags?»

Jens nickte. «Seit meiner Armeezeit, bis auf drei Jahre.»

«Und in den drei Jahren?»

«Anfang der Neunziger hab ich Scheiße gefressen, frag besser nicht. Das Laufen hat mich gerettet. Die Flasche Nordhäuser gestern Abend, 'n Geschenk aus 2004. War nicht angebrochen, hast du selbst gesehen.»

Hauke traute sich nicht, noch weiter zu fragen. Wie es schien, hatte Jens an der Flasche gehangen und war davon losgekommen. Dem konnte man eigentlich nur mit Respekt begegnen. Einem aus Olafs Clique war das nicht gelungen.

Jens schob sich grad den letzten Bissen Schmalzbrot in den Mund und kaute. Einige Fettbröckchen hatten sich in den Barthaaren verfangen. Am liebsten wäre Hauke aufgestanden und hätte ihm einen Kuss gegeben. Doch er traute sich nicht.

Schweigend saßen die beiden Männer nebeneinander im Auto. Jens trug die neongelbe Jacke, von der der gewohnte Geruch ausging. Gelegentlich spürte Hauke seinen Blick, und obschon er ihn als Fahrer nicht erwidern konnte, schien ihn der Mann eher prüfend als zärtlich anzusehen. Hauke wünschte eine rote Ampel herbei, die ihm Gelegenheit gegeben hätte, seinem Beifahrer in die Augen zu sehen. Aber hier auf dem Land gab es keine Ampeln.

Dabei gingen ihm so viele Fragen durch den Kopf. Fragen, die er Jens gern gestellt hätte. Doch mit jedem Kilometer Schweigen sank sein Mut, überhaupt den Mund aufzumachen.

Ist dir eigentlich klar gewesen, dass dies mein erstes Mal mit einem Mann war? Diese Frage brannte regelrecht in ihm. Doch es war sicher die dümmste Frage von allen. Klar wusste er es, ahnte es zumindest. Bei so viel Schüchternheit. Dabei schwang in der Frage auch ein wenig Stolz mit. Er hatte es geschafft. Er hatte es ausprobiert. Und die Welt hatte nicht aufgehört, sich zu drehen. Überhaupt, irgendwie schien es das Normalste von der Welt gewesen zu sein.

Lächelte Jens etwa grade? Nein, Jens lächelte eher selten. Draußen zischte ein Ortsschild vorbei, darauf stand *Lutheran*. Was für ein merkwürdiger Ortsname. Hauke dachte an die zweitwichtigste Frage.

Bist du bi oder schwul? In seiner Wohnung hatte es nicht nach Anwesenheit einer Frau ausgesehen. Andererseits war Jens wohl mal verheiratet gewesen. Jens sah nicht so aus, als würde er attraktiv auf Frauen wirken wollen. Andererseits trieb er offensichtlich ausgiebig Sport, und sein Haarschnitt ließ, im Gegensatz zu Olafs Wildwuchs, auf regelmäßigen Friseurbesuch schließen. Hauke gelangte zu keiner endgültigen Erkenntnis, aber irgendwie wünschte er sich, dass Jens schwul wäre, richtig schwul. Auf das Warum fand er keine Antwort.

Das nächste Ortsschild verunsicherte ihn ein wenig. *Rom* war darauf zu lesen. Er nahm sich vor, beide Ortsnamen zu googeln.

Wie konnte man überhaupt in einer solchen Gegend als

Schwuler leben? An seiner Stelle wäre er längst nach Hamburg oder Berlin gezogen. Da gab es bessere Jobs, es gab, und das wusste selbst Hauke, denn wer wusste das nicht, eine einschlägige Szene und somit ein unerschöpfliches Reservoir an potenziellen Sexualpartnern. Mochte sein, Jens hatte irgendeine Bindung hier in die Gegend. Der Begriff Heimat, so verstaubt er auch war, tatsächlich mochte es Menschen geben, denen dieser Begriff wirklich etwas bedeutete. Außerdem war es kein abstrakter Begriff, mehr eine Empfindung. Hauke erinnerte sich an diese Verbundenheit, die ihn pünktlich in jenem Moment ergriff, in dem er den Nord-Ostsee-Kanal überquerte. Und wenn dann schließlich der Zwiebelturm von St. Bartholomäus am Horizont auftauchte, war er endlich dort, wo er eigentlich hingehörte.

Andererseits war da die Wohnung in Eimsbüttel. Altbau, Gründerzeit, fünf Zimmer, hohe Decken mit Stuck. Ein Traum. Und - Hauke erschrak - seit dem Telefongespräch gestern Abend hatte er keinen Moment mehr an Frau und Kinder gedacht. Er öffnete den Reißverschluss der Softshelljacke und regelte die Klimaautomatik des Wagens auf 20 Grad herunter. Er war geradewegs auf dem Weg zurück in sein Alltagsleben.

Draußen erschien das Ortsschild *Parchim*. Er verringerte die Geschwindigkeit, und endlich erschien die ersehnte Ampel. In der Hoffnung auf Rot wurde er noch langsamer, und tatsächlich, die Hoffnung wurde erfüllt. Hauke schaute zu seinem Beifahrer hinüber. Jens war eingenickt.

Am liebsten hätte er ihn kurz gestupst, um ihn zu wecken. Aber die Scheu, einen Mann zu berühren, war immer noch zu groß. «Aufwachen! Wir sind da!», rief er stattdessen etwas übertrieben laut.

Jens öffnete die Augen und reckte die Arme. Die Ampel

sprang auf Grün, und Hauke musste sich wieder auf den Verkehr konzentrieren. Ohne ein Wort zu sagen, gab Jens mit ausgestrecktem Zeigefinger Anweisungen, wenn irgendwo abzubiegen war.

Vor dem Betriebsgelände der Spedition stoppte Hauke den Audi auf dem Parkstreifen. Parkende Trucks auf dem Firmengelände boten Sichtschutz zum Bürogebäude. Er ging wie selbstverständlich davon aus, dass es auch nicht im Interesse von Jens sein konnte, wenn man sie gemeinsam im Auto sah.

Bevor er noch etwas sagen konnte, drehte Jens sich zu ihm um und gab ihm einen Kuss. Hauke erschrak, wollte eine abwehrende Bewegung machen und ließ den Arm dann doch wieder auf die Handbremse sinken. Eigentlich konnte ihm das doch nun wirklich egal sein. Niemand hier kannte ihn. Hauke rieb seine Lippen kräftig gegen den Vollbart.

Jens lächelte ihn an, drehte sich wieder zurück und öffnete die Wagentür. Mit einem Bein war er schon draußen, da griff er mit der Linken nochmals zu Hauke herüber, langte genau in den Schritt und drückte einmal kurz und kräftig. Dann verschwand er, ohne sich umzuschauen, auf dem Firmengrundstück.

9

Er war spät dran, als er in der Firma ankam. Im Treppenhaus nahm er immer zwei Stufen auf einmal. Kurz steckte er den Kopf in Frau Sprungs Büro, um sie zu begrüßen.

Sie schaute von einer Personalakte auf. «Guten Morgen, Herr Boie, der Kaffee …»

«Schönen guten Morgen, Frau Sprung, lassen Sie sich nicht stören, ich bediene mich schon selbst!»

Er fuhr den Computer hoch und schob den roten Reiter am Wandkalender ein Feld weiter. Dann griff er nach dem Schrecklichen Sven.

Moin, Kumpel, du glaubst es nicht, ich hab's getan! Also eigentlich hat er es getan, einfach so. Und ich, ich hab's geschehen lassen. Hab es einfach genossen. Er tätschelte dem kleinen Kerl den geharnischten Bauch und sah ihm in die Augen. Aber das bleibt unter uns, versprich mir das.

Draußen am Raucherunterstand stand wieder Diggers Doppelgänger, der Kleine mit dem knackigen Po. Wenn er seine Zigarillos mitbrächte, könnte er auch mal hinuntergehen, sich leutselig dazustellen und sich den Kleinen und dessen knapp sitzende Latzhose aus der Nähe ansehen.

Beim Bund hatte er sich zusammen mit Rüdiger gelegentlich den *Playboy* gekauft und einmal sogar mit ihm gemeinsam nach den Playmates gewichst. Beim Anblick von Haukes Schwanz hatte der Stubenkamerad ehrfurchtsvoll durch die Zähne gepfiffen. Beinahe gleichzeitig war ihr Saft auf das

Hochglanzpapier gespritzt und über den pfirsichgroßen Titten zusammengelaufen.

Mochte sein, Jens hatte bei ihrer ersten Begegnung am Flughafen einfach nur Gefallen an der Radlerhose und der Beule darin gefunden. Schade, dass man von hier aus nicht sehen konnte, wie die Latzhose des Kleinen drüben gefüllt war. Das herauszufinden wäre allerdings ein Leichtes. Er bräuchte nur hinüber zur Tankstelle zu gehen und eine Schachtel Sprachlos zu holen.

Ich muss völlig verrückt sein, dachte Hauke, als er mit weit ausholenden Schritten in Richtung Tankstelle ging. Jetzt kaufte er sich Zigarillos, nur um irgendeinem Typ auf die Beule schauen zu können. Das war komplett verrückt, zweifellos. Ob es irgendwann wieder aufhören würde? Das konnte man nie wissen. Bis dahin wollte er auf jeden Fall noch schnell etwas zu rauchen holen.

An der Tankstelle herrschte rege Betriebsamkeit, der Wochenendverkehr setzte langsam ein. Draußen vor dem Verkaufsraum hatten sie Spielzeug in der Auslage. Hauke fühlte sich in Spendierlaune. Den Jungs eine Kleinigkeit mitzubringen wäre eine prima Idee. Er schaute sich das Angebot genauer an. Ein Mittvierziger im Poloshirt mit dem Logo der Mineralölfirma fragte, ob er helfen könne.

«Ich such was für zwei Jungs, vier und sieben Jahre alt. Nur als Mitbringsel, soll jetzt nicht das Riesengeschenk sein.»

Der Tankwart strich sich über den dunklen Vollbart, in den sich bereits die ersten weißen Haare eingeschlichen hatten. Er lächelte und bedeutete ihm mit einer Handbewegung zu warten. Nach wenigen Minuten kam er mit zwei Wasserpistolen zurück, die auf buntem Karton aufgebracht waren. «Hier, die haben wir im Angebot. *Super Soaker High Tide*, ein kleines Modell, gut zum Mitnehmen und für Jungs in dem Alter unschlagbar, grad im Sommer.»

Hauke nahm eine der Plastikwaffen in die Hand. Wie grellbunte Mini-Uzis sahen die Dinger aus. Der Aufdruck auf dem Karton versprach eine Reichweite von 4,8 Metern. Ein Foto zeigte einen pitschnassen, aber strahlenden Jungen mit der Wasserpistole in der Hand. Knapp zwölf Euro sollten die Dinger kosten, pro Stück.

«Ich nehm beide», sagte er und folgte dem Verkäufer zur Kasse. Klar, dass Birgitt den Kauf missbilligen würde, aber die Begeisterung der Jungs war das allemal wert. «Außerdem hätt' ich noch gern zwei Schachteln Sprachlos und ein Feuerzeug.»

Zurück auf dem Firmenparkplatz fand er den Raucherunterstand leer. Da hatte er sich wohl zu viel Zeit gelassen. Wenigstens hatte er die Schachtel jetzt griffbereit. Enttäuscht stieg er die Treppe hinauf. In der Teeküche machte er halt, um sich einen Becher Kaffee einzuschenken. Dort traf er Frau Sprung, die ungeduldig einen Teebeutel in ihrem Becher hin und her bewegte. Pfefferminztee, der Duft weckte unangenehme Erinnerungen an Kindertage und einen verdorbenen Magen.

«Sie haben sich wohl schon eingelebt?» Sie zwinkerte ihm verschwörerisch zu. «Was ich eigentlich heute Morgen noch sagen wollte: Gegen drei viertel sieben haben Sie mich heute auf der 191 zwischen Lübz und Parchim überholt. Haben mich wohl nicht erkannt, aber ein Audi aus Hamburg, und dann noch um die Uhrzeit, den übersieht man nicht so leicht.»

Hauke erschrak und setzte seinen Becher so abrupt ab, dass der Kaffee gehörig überschwappte. Fluchend riss er ein paar mattgrüne Papierhandtücher aus dem Spender und wischte die Arbeitsplatte wieder trocken. Dabei überlegte er fieberhaft, was er antworten sollte.

Frau Sprung lachte nur. «Es geht mich ja auch nichts an. Und Sie waren so schrecklich gut gelaunt heute Morgen. Ich sag's nur, weil, ihr Stadtmenschen müsst eben immer erst lernen, dass auf dem Land einfach nichts unbemerkt bleibt!»

Er nippte vorsichtig am schwarzen Kaffee, der noch viel zu heiß war. Sie hatte vollkommen recht. Daran hätte er selbst denken können. In Dithmarschen war das nicht anders.

«Außerdem ist zwischen Rom und Parchim ein automatischer Blitzer. So schnell, wie Sie drauf waren, kann das teuer werden.»

Hauke fragte bewusst nicht danach, ob sie Jens gesehen hatte. Stattdessen plauderte er noch einen Moment mit ihr, für den Fall, dass sie von sich aus darauf zu sprechen kam. Das war aber nicht der Fall. Vielleicht war es am besten, wenn er offensiv damit umging, die ganze Geschichte erzählte, von der Fahrradpanne im Dunkeln, dem rettenden Trucker, dem Shuttle-Service nach Hause, ein paar kleine Absacker und dann dort auf der Couch genächtigt. Tolle Geschichte, aber würde sie ihm jemand abnehmen? Vermutlich war es wohl doch besser, er behielt die ganze Sache für sich.

Klar, Tausende von Kerlen gingen jeden Tag fremd, vögelten Nutten, ließen sich von denen vielleicht sogar auspeitschen. Es stand nirgendwo geschrieben, dass er, Hauke Boie, geboren am 16. April 1976 in Heide/Holstein, sein Leben als kreuzbraver Ehemann zu beenden hatte. Tatsächlich war er aber sein ganzes bisheriges Leben auf die Rolle ebenjenes kreuzbraven Ehemanns abonniert gewesen. Er war noch niemals fremdgegangen, hatte noch niemals eine Nutte gevögelt. Nur dieses verdammte eine Mal hatte er sich gehen lassen, und er ging jede Wette ein, das Erschrecken darüber stand ihm mitten ins Gesicht geschrieben.

Erst als er schon den Flur entlangging, rief Frau Sprung hinter ihm her. «Herr Wagner hat übrigens heute noch Zeit für Sie. Passt es Ihnen so gegen fünf?»

Damit blieben ihm bis zum Gespräch mit dem Chef noch zwei Stunden. Einstweilen machte er sich daran, eine Übersicht der gegenwärtigen Personaldienstleister zu erstellen. Der Preis, den die Firma für Zeitarbeitnehmer zahlte, war deutlich höher als bei Festangestellten, und er wollte gar nicht wissen, wie wenig davon am Ende bei den Betroffenen ankam. Alles nur, um der Firma ein wenig Flexibilität zu erhalten, die ihr der Kündigungsschutz sonst genommen hätte.

Die Wohnung von Jens hatte nicht den Eindruck von Wohlstand vermittelt. Es war ordentlich gewesen, im Vergleich zur Wohnung von Olaf sogar blitzsauber. Doch die Möbel sahen nach Roller oder Baumarkt aus. Als Fahrer bei einer örtlichen Spedition flogen ihm sicher keine gebratenen Tauben in den Mund.

Hauke griff nach dem Handy, um ihn anzurufen. Nur mal so. Hallo sagen, seine Stimme hören. Wie war noch der Nachname? Schweiger, Jens Schweiger. Er scrollte durch das Telefonbuch. Da war kein Schweiger. Hauke starrte einen Moment auf die vielen Buchstaben auf dem winzigen Display. Natürlich nicht. Sie hatten keine Telefonnummern ausgetauscht. So was Dummes.

Aber heutzutage war das ja kein Beinbruch mehr, vielleicht wurde er im Internet fündig. Er zog das Notebook heran, gab Namen und Ort in die Suchmaschine ein. Nichts. Kein Eintrag. Kein Festnetztelefon, kein Facebook, nichts. Wenigstens musste die Adresse her. Er rief Google Maps auf. Das Städtchen Lübz aus der Satellitenperspektive. Straße und Haus waren rasch gefunden. Namen und Adresse notierte er im Handy, das Feld für die Telefonnummer blieb einstweilen leer.

In den Unterlagen zählte er insgesamt sechs verschiedene Leiharbeitsvermittler. Kleine ortsansässige Firmen aus Güstrow, Demmin, Waren, Salzwedel, Wittenberge und Neuruppin. Wenn er die Preise mit denen der Marktführer verglich, und die waren ihm aus der alten Firma vertraut, so ließ sich da ein hübsches Sümmchen einsparen. Er hielt einen Moment inne und versuchte, den Betrag grob zu kalkulieren. Frau Sprung hatte ihm für das vergangene Geschäftsjahr die Gesamtzahl von 97 Zeitarbeitnehmern gemeldet. Hauke stutzte und blätterte hin und her. Wie es schien, waren mehr als 97 abgerechnet worden, viel mehr. Sollte sich Frau Sprung allen Ernstes verrechnet haben?

Auf dem Notebook poppte ein Fenster hoch. Die Erinnerung an das Meeting mit dem Chef, in zehn Minuten. Keine Zeit mehr, die Zahlen genauer zu prüfen; keine Zeit mehr für eine Raucherpause. Vermutlich genoss Diggers Doppelgänger ohnehin längst den wohlverdienten Feierabend.

Das Vorzimmer war nicht mehr besetzt, die Tür zum Büro des Chefs nur angelehnt. Der Höflichkeit halber blieb Hauke stehen und klopfte an.

Klaus Wagner öffnete von innen. An diesem Nachmittag gab er sich sportlich, trug einen Leinenanzug und ein weißes Hemd ohne Binder. Er wäre für Anfang 40 durchgegangen, wenn seine Haare nicht schon eine silberne Farbe angenommen hätten.

«Herr Boie, nun ist Ihre zweite Woche fast um. Haben Sie sich gut eingefunden?»

«Ich dachte, ich gebe Ihnen mal kurz Rückkopplung, was

mir in der Zeit so aufgefallen ist.» Hauke dachte im Stillen an die Leiharbeiter. Mit Einsparungen würde er beim Chef punkten können, er musste es nur schlau einfädeln.

«Aber was stehen wir hier, nehmen Sie doch bitte Platz.» Wagner zeigte hinüber zu einem ovalen Besprechungstisch und lächelte aufmunternd.

Hauke räusperte sich. «Ich hatte die Tage schon ein ausführliches Gespräch mit Herrn Herrmanns. Nun sind da noch ein paar Punkte, die ich gern mit Ihnen abklären würde.» Er fasste sein Anliegen in wenigen Sätzen zusammen und weckte als Höhepunkt Hoffnungen auf eine zu erwartende Einsparung. «Alles, was wir tun müssen, ist, die Vermittlung von Zeitarbeitnehmern auszuschreiben …»

Wagner reagierte nicht so euphorisch wie erhofft. Mit dem Arm deutete er eine beruhigende Geste an. «Da machen Sie sich mal gar keine Sorgen. Ich werde mit Uwe, also Herrn Herrmanns, in Klausur gehen. Danach kommen wir wieder auf Sie zu.»

«Oh, das freut mich zu hören.» Tatsächlich war Hauke eher irritiert.

«Prima, Herr Boie. Ich glaube, wir kommen hier gut miteinander aus. Sprechen Sie mich immer gern an und eröffnen Sie nicht auf eigene Faust Grabenkämpfe, falls Sie innerhalb der Firma auf Widerstand stoßen sollten.» Wagner strahlte immer noch sein gütiges, patriarchalisches Lächeln.

Was meinte er mit Grabenkämpfen? Erwartete Wagner doch ein großes Tauziehen? Uwe Herrmanns würde im Leben nicht kampflos hinnehmen, was ein Newcomer vorschlug, das war klar. Während Hauke noch überlegte, was er antworten sollte, fuhr Wagner schon fort.

«Aber nun habe ich noch ein persönliches Anliegen, einen freundschaftlichen Ratschlag, sozusagen.»

Hauke sah ihn gespannt an.

«Sehen Sie zu, dass Sie Ihre Familie nachholen.»

Hauke lächelte. Es war ja geradezu rührend, worüber der Chef sich Gedanken machte.

«Sorgen Sie sich nicht wegen der Probezeit, für mich gibt es da keine Probleme. Alle Welt redet heutzutage von Work-Life-Balance. Sie arbeiten hart, und das ist auch gut so. Aber nehmen Sie dabei Rücksicht auf Ihre Familie. Sie haben doch zwei Kinder?»

Hauke nickte. «Zwei Söhne.»

«Sehen Sie. Ich denke vor allem an die Entfernung. Auf Dauer schadet das einer Ehe, glauben Sie mir.»

Das konnte doch nicht sein. Die Sache mit Jens konnte sich doch unmöglich schon herumgesprochen haben. Selbst hier in Meck-Pomm konnte das nicht sein. Hauke rückte sich auf dem frei schwingenden Besprechungsstuhl zurecht.

Wagner hob die Augenbrauen. «Ich wollte Ihnen nicht zu nahe treten. Mir geht's hier auch gar nicht um Moral. Wir sind auf unsere Weise immer noch ein Familienunternehmen, und deshalb liegen mir auch die Familien meiner Mitarbeiter am Herzen, die der Führungskräfte natürlich ganz besonders. Ich habe nämlich kein Interesse daran, mir immer wieder neue Leute suchen zu müssen.»

10

Das Bett neben ihm stand leer. Hauke brauchte einige Sekunden, um sich zu vergegenwärtigen, wo er war. Nicht in seinem kleinen Apartment, auch nicht bei Jens. Der Radiowecker kam ihm vertraut vor. Klar, er war zu Hause in Hamburg, wo sonst. Gestern Abend war er im Nu eingeschlafen. Kein Wunder, nachdem die Nacht zuvor so kurz gewesen war. Dann noch der morgendliche Lauf, hier in Hamburg erschien ihm das plötzlich alles so unwirklich. Wie einer dieser gelegentlichen Träume. Mit dem Unterschied, dass neuerdings ein Zigarillo rauchender Kerl in neongelber Jacke Olafs Rolle einnahm. Das musste an der neuen Umgebung in Meck-Pomm liegen. Der Muskelkater in den Beinen schmerzte allerdings wirklich und war demnach nicht geträumt.

Schon nach neun Uhr, an den Seiten des Rollos schimmerte Tageslicht. Aus dem Wohnzimmer drangen leise ein paar quäkende Stimmen herüber, manchmal lachte einer der Jungs.

Birgitt kam zur Tür hereingeschlichen. Sie trug Straßenkleidung. «Psst. Ich hab uns schnell Brötchen geholt. Die Jungs gucken Pokémons, wir haben also noch 'ne knappe halbe Stunde.» Sie streifte ihren Pulli über den Kopf, zog die Hose aus und stieg zu ihm ins Bett. «Es ist eigentlich nicht okay, was wir hier tun.» Sie kicherte.

«Was ist daran nicht okay?» Hauke küsste sie mitten auf die Stirn und schmiegte dann seinen Kopf zwischen ihre Brüste.

«Die Kinder vor die Glotze zu setzen, nur damit wir in Ruhe kuscheln können!»

Hauke gluckste. «Klar, aber es ist praktisch.» Seine Zunge spielte mit einer Brustwarze.

«Wenn sie wenigstens Kika einschalten würden. Aber ich höre doch die Werbespots, sie haben längst umgeschaltet auf Super RTL.»

«Schatz, lass ihnen doch ihre kleinen Freiheiten.» Er küsste sie und legte ihr den Zeigefinger auf den Mund. Einfach nur den Moment genießen, die Vertrautheit, die Wärme, die Geborgenheit. Einfach an nichts denken, das war schön.

Sie duftete fruchtig wie immer. Chloé, er hatte es ihr zu Weihnachten geschenkt. Jedes Weihnachten, seitdem sie zusammen waren. Gestern noch Zigarillos, heute Frucht. Er lächelte einen kurzen Moment und erschrak dann. Was, wenn es jetzt nicht mehr mit ihr klappte? Vielleicht nie mehr? Wenn er nur noch mit Männern konnte? Er versuchte, die Gedanken zu verscheuchen. Doch sie waren wie Mücken, die immer wieder zurückkehrten, ihn umschwirrten und nicht zögerten, zuzustechen.

«Hey, ich glaub, du bist noch gar nicht zu Hause angekommen», flüsterte sie, «aber vielleicht hilft das ja.»

Sie beugte sich über ihn und begann ihn zu blasen. Das Ergebnis war niederschmetternd. In einem ersten Reflex wollte er ihren Mund beiseiteschieben. Doch plötzlich sah er sich selbst vor Jens knien und mit der Zunge die hervortretenden Adern entlangfahren. Im selben Moment wurde er hart.

Na also. Sie glitt mit der Hand seinen Schwanz entlang, und in dieser Bewegung lag etwas Anerkennendes. Bestimmt dachte sie, es läge an der Woche Enthaltsamkeit.

Birgitt selbst führte sein Glied ein, das war zwischen ihnen immer so gewesen. Es nahm dem Moment die Aggression, und das war gut so. Den Muskelkater spürte er vor lauter Erregung längst nicht mehr. Und als sie sich unter ihm wand wie nie zuvor, erschrak er ein wenig, denn so ruppig war er sonst nie gewesen, wenn er doch eigentlich zärtlich sein wollte.

Am Ende hielten sie einander in den Armen, die verschwitzte Haut verklebte sie fest miteinander. Er fragte sich, ob ihr Beisammensein von nun an immer latent aggressiv sein würde. Wenn er es sich recht überlegte, dann wünschte er es sich genau so.

Sie küsste ihn auf die Nase. «Du riechst irgendwie nach Zigaretten oder Tabak. Ganz merkwürdig.»

«Kommt vielleicht aus der neuen Firma.» Hauke versuchte zu lachen. «Ich spring gleich mal unter die Dusche.»

Ob sie wirklich an fünf Tage Enthaltsamkeit glaubte? Natürlich fragte sie nicht. Warum eigentlich nicht? Seit der Pubertät hatte er es sich noch jeden Tag seines Lebens selbst gemacht, wenn er keinen Sex haben konnte, und manchmal selbst dann noch. Alle Männer taten das. Vielleicht ein paarmal nicht, wenn es wirklich nicht anders ging. Doch selbst beim Bund, beim Manöver. Er erinnerte sich daran, wie er am Rande eines Truppenübungsplatzes auf einem Dixi-Klo onaniert hatte, die Stimmen der Kameraden nur einen halben Meter entfernt. Ja, hätte er denn platzen sollen?

Er sollte glücklich sein, es als Bereicherung ihres gemeinsamen Sexuallebens annehmen. Zu wissen, wie das ist, genommen zu werden. Hatte Jens ihn genommen, konnte man das so umschreiben? Er dachte an die Finger in seinem Mund, den Geschmack von Tabak, der von ihnen ausging. Jens war eingedrungen, und nicht mal sanft.

Sie drehte sich zu ihm, strich ihm mit der freien Hand durchs Haar und fuhr dann mit den Fingerkuppen die Aknenarben entlang.

«Montag hatte ich 'nen fetten Pickel. Seit Langem das erste Mal.»

«Hab ich gesehen, als du abfuhrst. Ich mochte dich nicht drauf ansprechen.»

«Ja, hat mich die ganze Woche begleitet, aber seit gestern ist er endlich weg.»

Nach dem gemeinsamen Frühstück quengelten die beiden Jungs, sie konnten gar nicht schnell genug wieder vor den Fernseher zurückkehren. Birgitt begann, ihnen ins Gewissen zu reden, appellierte wortreich an die Vernunft der beiden, wo sie jetzt doch nur noch wenige Tage in der Woche mit Papa verbrachten. Ihre Bemühungen fruchteten allerdings nicht viel. Hauke dagegen tat sehr geheimnisvoll und kündigte eine Überraschung für die beiden an, weshalb sie schließlich murrend am Frühstückstisch sitzen blieben. Er selbst verschwand im Schlafzimmer und tauchte mit der großen weißen Plastiktüte wieder auf.

«Das hat Papa aus Mecklenburg mitgebracht. Ratet mal, was das ist.» Weil die beiden Sprösslinge nicht gerade begeistert reagierten, legte er noch nach. «Ich geb euch 'nen Tipp. Es ist nur zum Draußenspielen!»

Die beiden stöhnten. Fritz stand schon auf, um wieder ins Wohnzimmer zu gehen. Hauke blieb nichts anderes übrig, als selbst in die Tüte zu greifen und die beiden Wasserpistolen auf den Tisch zu legen.

Von nun an herrschte Ausnahmezustand. Das Fernsehprogramm war kein Thema mehr. Stattdessen wurden die beiden Waffen mithilfe einer Küchenschere fachmännisch von ihrer Kartonunterlage gelöst. Fritz las dem kleinen Bruder vor, was auf der Verpackung stand.

Gezielter Wasserstrahl. Luftdruck-Power. Pumpgriff. Achtung: Nicht auf die Augen oder ins Gesicht zielen!

Die beiden waren Feuer und Flamme. Nachdem der Fernseher so plötzlich aus dem Brennpunkt ihres Interesses verschwunden war, galt es nun zu verhindern, dass die beiden ihre Waffen schon in der Wohnung mit Wasser füllten. Stattdessen ergab sich die weitere Gestaltung des Tages ganz von allein. Sie würden den Nachmittag im Kaifu-Schwimmbad verbringen.

Fritz selbst rief bei einigen Klassenkameraden an und warb für die geplante Wasserschlacht im Freibad. «Unser Papa hat uns zwei *Super Soaker* mitgebracht, voll krass. Ja, is' nur der *High Tide,* aber dafür kannst du mit dem Ding voll schnell rennen.»

Es dauerte nicht lang, und vier weitere Jungs waren zusammengetrommelt. Birgitt rief vorsichtshalber gleich noch mal an und sprach sich mit den Eltern ab. Drei Mütter und ein weiterer Vater versprachen mitzukommen. Währenddessen stellte Hauke die übliche Schwimmbadausrüstung zusammen. Mehrere Badetücher, eine große Decke, die man auf dem Rasen ausbreiten konnte, und eine Flasche Duschlotion. All das verstaute er im Hackenporsche, mit dem sie sonst die Einkäufe von Aldi nach Hause schafften.

Bevor er mit den Jungs die Wohnung verließ, durften sie ein erstes Mal ihre Waffen befüllen, unter Birgitts strenger Ermahnung, unter keinen Umständen im Treppenhaus zu spritzen. Tatsächlich schafften die beiden es, sich zusammenzureißen, bis die Haustür hinter ihnen ins Schloss fiel.

Als sie am Kaiser-Friedrich-Ufer ankamen, waren die ersten Freunde schon eingetrudelt. Alle schwer bewaffnet mit

Gerätschaften, die man eher als Wasserkanonen denn als Wasserpistolen bezeichnen musste. Der Größte von ihnen brachte sogar einen Zusatztank mit, der auf dem Rücken getragen wurde. Die beiden Mütter breiteten ihre Badelaken wie selbstverständlich neben Hauke aus, öffneten sich gegenseitig die Verschlüsse ihrer Bikini-Oberteile und blinzelten ein paar Minuten später oben ohne in die Sonne.

Hauke machte es sich auf der Decke leidlich bequem, ignorierte die Brüste in der Nachbarschaft und schaute seinerseits in den Himmel hinauf. Im Kindergartenalter hatte er sich eher wenig für Wasserpistolen interessiert. Damals hatte er sich nichts sehnlicher als eine *Ninja Turtle* gewünscht. Die vier Schildkröten mit den schönen Namen Leonardo, Donatello, Raphael und Michelangelo waren angeblich zu menschenähnlichen Wesen mutiert, lebten in der New Yorker Unterwelt und wurden von Meister Splinter in fernöstlichen Kampftechniken unterrichtet. Dieser Splinter, eine mutierte Ratte, war sein eigentlicher Favorit. Er hätte viel darum gegeben, einen Freund und Lehrmeister wie ihn zu haben. Egal, ob Ratte oder nicht.

Auf der Wiese begrüßten die Jungs mit viel Hallo einen Nachzügler, kaum größer als Georg, der aber mit Fritz in dieselbe Klasse ging. Begleitet wurde er von seinem Vater, der für einen erwachsenen Mann auch eher klein geraten, dafür aber mit athletischem Körperbau und einer deutlich ausgeprägten V-Form des Oberkörpers gesegnet war. Hauke musterte heimlich den Neuankömmling. Über seinen Shorts trug er ein offenes kurzärmeliges Hemd. Er konnte sich das leisten, denn zwischen den Hemdknöpfen ließ sich ein Waschbrettbauch mit hübschem Haarflaum ausmachen. Hauke erinnerte sich, nach einem Elternabend von Fritzens Schulklasse hatten sie schon mal längere Zeit mit dem Mann geredet. Wenn sein Gedächtnis ihn nicht täuschte, arbeitete er bei der Hochbahn als Zugfahrer.

Der Mann gab allen Erwachsenen höflich die Hand, stellte sich als Mario vor und breitete neben Hauke sein Handtuch aus. Anschließend zog er Hemd und Shorts aus. Als nur noch eine knappe schwarze Badehose übrig war, setzte er sich neben Hauke auf sein Handtuch. Hauke schluckte.

«Ist doch ganz schön frisch heute», murmelte Hauke und schlüpfte wieder in sein T-Shirt.

Das musste er sich nicht antun, den direkten Vergleich mit Super-Mario konnte er nur verlieren. Im Gesicht ließ ihn die Akne seit einigen Jahren ja weitgehend in Ruhe, aber auf dem Rücken blühten die Pickel wie eh und je. Manchmal war es besser, man behielt das T-Shirt einfach an. Super-Mario hatte nicht nur den Waschbrettbauch, sondern auch eine austrainierte Brust und ein üppiges Fellchen, das darauf gedieh. Hauke spürte, wie seine Badehose spannte, und er rückte ein wenig auf der Decke hin und her, damit die Beule nicht so auffiel. Der Kerl konnte es locker mit Rüdiger und dem Kleinen aus dem Raucherunterstand aufnehmen.

Super-Mario seufzte und schaute mit gequältem Gesichtsausdruck zu den drei Frauen. Dann legte er Hauke die Hand auf die Schulter, beugte sich zu ihm und flüsterte: «Tittenalarm - heute ist hier wohl Folter angesagt.»

Hauke zwinkerte ihm routiniert zu und setzte dieses etwas anzügliche Lächeln auf, das er bei Bedarf jederzeit anschalten konnte, sollten andere Männer einschlägige Bemerkungen über Frauen machen.

«Meine Lustgöttin würd' voll die Krise kriegen, wenn sie mich hier so sehen würde. Ist deine nicht eifersüchtig?»

«Nö.» Er schüttelte den Kopf. Nein, Birgitt war nicht eifersüchtig. Zum Glück nicht.

«Seitdem ich mal fremdgefickt hab, ist sie voll misstrauisch. Hast du schon mal …?»

Hauke erschrak und schüttelte hastig erneut den Kopf. Natürlich nicht.

Super-Mario grinste, als glaubte er ihm kein einziges Wort.

Jeweils zwei Stufen auf einmal nehmend, lief Hauke die Treppen hinauf zum Dachboden. Jenseits des vierten Stockwerks schlug ihm schon der Geruch von trockenem Holz entgegen, den der 100 Jahre alte Dachstuhl verströmte.

Wo waren nur die Heavy-Metal-CDs geblieben? Seit sie Musik nur noch vom Computer hörten, hatten sie die silbernen Scheiben eingemottet. Wenn man mal was im Auto hören wollte, brannte man sich eben eine neue Disc. Das ging schneller, als nach dem Original zu suchen. Theoretisch jedenfalls, wenn man denn dazu kam, eine CD zu brennen. Tatsächlich hatte er seine eigene Musik schon lange nicht mehr vermisst.

Unschlüssig öffnete er verschiedene Kartons. Bei den ersten Versuchen stieß er auf Kinderbekleidung, aus der beide Jungs längst herausgewachsen waren. Zwei Kartons mit Aktenordnern voller Material aus Birgitts Referendariatszeit. Ganz unten ein abgestoßener Umzugskarton, der ihm bekannt vorkam. Das könnte seiner sein. Staub wirbelte auf und kitzelte seine Nase. Erst konnte er nicht genau ausmachen, was da obenauf lag, doch dann erkannte er sie. An seine Lederjacke hatte er überhaupt nicht mehr gedacht.

Er zog einen anderen Karton heran, setzte sich darauf, um sich das gute Stück in Ruhe betrachten zu können. Mit einer zärtlichen Handbewegung strich er über die abgewetzte Haut. Damals war er mitten in der Pubertät gewesen, hatte das Ding voller Inbrunst geschleppt, jedes Festival hatte die

Jacke gesehen. Am liebsten hätte er sie auch nachts nicht ausgezogen. Und er musste lächeln bei der Erinnerung daran, was er alles angestellt hatte, um das gute Stück zu kaufen.

Das hatte er heimlich eingefädelt. War zum ersten Mal allein nach Hamburg gefahren, ohne Begleitung von großem Bruder oder Eltern. Mit der Bahn, eine Stunde und 50 Minuten Kribbeln im Bauch. Ganz allein in der Großstadt, das war entsetzlich aufregend gewesen.

Hauke wog das erinnerungsträchtige Stück in der Hand. Es erschien ihm heute noch genauso schwer wie damals. Die Jacke zu tragen hatte ein gewisses Maß an Gewöhnung erfordert. Hatte auf die Schultern gedrückt, das Ding. War aber richtig geil gekommen, mit dem *Guns N' Roses*-Emblem auf dem Rücken, eingeprägt ins Leder. Außerdem gepolsterte Schultern und rot kariertes Futter. Er hatte gespart, bei Wandmaker im Supermarkt Regale aufgefüllt und Oma angezapft. Bis die 500 Mark beisammen gewesen waren. Dazu noch das Schleswig-Holstein-Ticket für die Fahrt nach Hamburg, gleich nach Schulschluss. Im dortigen Hein-Gericke-Shop hatten die Dinger gehangen. Jemand aus der Parallelklasse hatte sie schon anprobiert, aber in Ermangelung von genügend Kohle nicht kaufen können. Die Ausführung mit dem bunt eingestickten Logo auf dem Rücken war ihm zu schwul vorgekommen, mit der Prägung war das schon dezenter. Er hatte verschiedene Größen probiert, sie fielen üppig aus. Beim Blick in den Spiegel hatte er einen Steifen bekommen. Peinlich, peinlich. Zum Glück war seine neue Diesel Saddle mit ihrem Karottenschnitt weit genug gewesen, dass es nicht auffiel.

«Jetzt noch ein Bandana um die Stirn, und du siehst aus wie Axl Rose.» Hauke erinnerte sich an das Kompliment der Verkäuferin, als sei es gestern gewesen. Sie hatte Preisschilder und Etiketten entfernt, damit er die Neuerwerbung gleich anziehen konnte. Für seine alte Jeansjacke hatte sie ihm eine Plastiktüte mit Kordel gegeben, die sich wie ein Rucksack tragen ließ.

Hauke erhob sich, schlug einige Male mit der flachen Hand auf die Jacke, damit sich der Staub löste, und probierte sie an. Tatsächlich, sie passte noch, wenn sie auch ein klein wenig eng saß, aber nicht zu sehr. Er ließ den Reißverschluss offen, das war ohnehin cooler, beugte prüfend die Arme und genoss das leise Knarzen und den beinahe verflogenen Ledergeruch.

An die CDs dachte er keine Sekunde mehr. Er stapelte die Kartons wieder in etwa so aufeinander, wie er sie vorgefunden hatte, Birgitt war in solchen Dingen pingelig, und lief die Treppe hinab, zurück in die Wohnung. Im Flur drehte er sich vor dem Spiegel.

Georg war ganz außer sich. «Papa, Papa, was hast du denn da an?»

Birgitt erhob sich von ihrem Schreibtisch, sah ihn und brach in Lachen aus. «Das alte Ding flog da oben noch rum? Zeig das bloß niemandem, ist ja voll peinlich.» Sie schnüffelte mit angewidertem Gesichtsausdruck am Leder, umarmte Hauke und gab ihm einen Kuss. «Wenn du willst, bring ich sie morgen bei den Alsterdorfer Anstalten vorbei.»

11

Sonntagabend, die Autobahn glänzte regennass, Wolken hingen schwer am Himmel. Hin und wieder tröpfelte es ein wenig. Er hatte die Lederjacke anziehen wollen, den Regen als Begründung vorgeschoben. Aber Birgitt hatte gesagt, das ginge keinesfalls. So lag das gute Stück auf dem Beifahrersitz. Ab und zu wanderte seine rechte Hand vom Schaltknüppel zur Jacke hinüber und fuhr sanft über das Leder.

It only takes a minute girl
to fall in love, to fall in love …

Im Autoradio lief immer noch die CD vom letzten Wochenende. Mit einem Tastendruck schaltete er das Gerät ab.

Seine erste Begegnung mit Birgitt beim Bäcker in der Grindelallee war noch nicht der Beginn ihrer Beziehung gewesen. Er hatte zurück in sein Seminar gemusst, die drei Mädels angelächelt, Tschüss gesagt und war gegangen. Und dann, als er sich wieder den Grundlagen des Rechnungswesens widmen sollte, war ihm die mit dem kastanienbraunen Haar nicht aus dem Kopf gegangen. Und er hatte nicht einmal gewusst, wieso. Wie eine BWL-Studentin hatte sie nicht ausgesehen, und er hatte gefürchtet, diese Frau nie wiederzusehen, die immerhin schon von Wesselburen gehört hatte.

In Richtung Osten verdunkelte sich der Himmel. Hinter

Gudow setzte Nieselregen ein, und die Scheibenwischer mühten sich redlich, die Sicht frei zu halten. Die wenigen Lkws auf der rechten Spur schleppten lange Gischtwolken hinter sich her.

Manche der Studienkollegen ließen keine Gelegenheit ungenutzt, um Frauen kennenzulernen. Private Feiern, nächtliche Klubbesuche, das ganze Spektrum. Als sei es irgendwann zu spät. Hauke hatte sich treiben lassen, hatte nichts unternommen, wandelte nicht auf Freiersfüßen. Später war er noch einige Male zum Bäcker in die Grindelallee zurückgekehrt, doch die Wesselburen- und Hebbel-Kennerin war nicht wieder aufgetaucht. Wer nicht sucht, der findet nicht, hatten die Kumpels gemeint. Ich lasse mich finden, hatte er in solchen Fällen geantwortet.

Und tatsächlich, eines Abends wurde Hauke gefunden. Wiedergefunden.

Hauke und Olli ließen sich im Strom der Kinobesucher zum Ausgang treiben und fanden sich auf einem dunklen Hinterhof wieder. Sie hatten *American History X* gesehen, und wie immer fühlte Hauke sich nach dem Verlassen des Kinos so, als müsste er aus einem Traum erwachen, wobei ihm dieser Film eher wie ein Albtraum vorkam. Olli war noch ganz Feuer und Flamme. Hauke hatte der Hauptdarsteller am besten gefallen. Irgendwie hatte dieser Edward Norton was, mit der Glatze und den krassen Tattoos, auch wenn man das von einer Naziglatze eigentlich nicht denken durfte.

«Du spinnst!», kommentierte Olli kurz und knapp.

Um sie herum klappten Wagentüren. Motoren starteten. Ein paar wenige Interessenten auf dem Weg zum Spätfilm strebten dem Haupteingang des Grindelkinos zu.

«Was liegt nun an? Schanze? Kiez?», fragte Hauke.

Olli zuckte die Achseln. «Meine Schwester gibt 'ne Fete, wollen wir dahin? Mal das Buffet abchecken, dann sehen wir weiter.»

Eine drei Jahre ältere Schwester, wirklich begeistert war Hauke von dem Vorschlag nicht. Andererseits lockte die Aussicht auf ein kostenloses kaltes Buffet. Warum also nicht. Sie mussten nicht einmal fahren, sie wohnte um die Ecke in der Schlankreye in einem geklinkerten Wohnblock aus den Dreißigern. Nur fünf Minuten später drückten sie den Klingelknopf.

Während sie die Treppe hinaufstiegen, wurde oben die Wohnungstür geöffnet, Musik schallte ihnen entgegen, Wortfetzen und Gelächter. Als sie ankamen, stand die Tür offen, und niemand erwartete sie. Hauke ging einfach hinter Olli her, der wie selbstverständlich eintrat. Er warf die Jacke über die anderen, die schon an der überfüllten Garderobe hingen. Olli ging zielstrebig in die Küche, wo auf einem Esstisch eine riesige Schüssel Nudelsalat auf sie wartete, die noch zu drei Vierteln gefüllt war. Sie nahmen sich jeder einen Pappteller und häuften darauf eine ordentliche Portion.

«Gibt's in Wesselburen nicht genug zu essen?»

Es war eine weibliche Stimme, die da fragte, und Hauke kam sie irgendwie vertraut vor. Er drehte sich um und – tatsächlich stand dort die Frau mit den kastanienbrauen Haaren. Ich hab so häufig beim Bäcker auf dich gewartet, wollte er sagen, biss sich aber rechtzeitig auf die Lippen. Das wäre ja wohl ein bisschen peinlich.

«Hey», sagte er mit möglichst coolem Unterton, «wenn ich jetzt fragen würde, ob wir uns irgendwoher kennen, wirst du dann antworten, dass das eine plumpe Anmache ist?»

Sie lächelte, doch in ihrem Lächeln war kein bisschen Spott. «Ich werd' doch keinen Wesselburener vergessen.» Dabei verlieh das Licht der Pendelleuchte über dem Esstisch ihrem Haar einen goldigen Schimmer.

Olli räusperte sich. «Ich geh dann mal meiner Schwester Guten Tag sagen.» Damit entschwand er in den Flur.

«Probier den Nudelsalat, der ist gut.» Kaum gesagt, ärgerte Hauke sich über die schlichten Worte. Um Frauen erfolgreich anzumachen, brauchte es schon etwas mehr. Er versuchte sich daran zu erinnern, welcher Sprache sich Rüdiger in solchen Situationen bedient hatte.

Sie aber zögerte nicht, langte nach einem Pappteller und füllte Nudeln auf. «Dann werden wir mal sehen, ob auf deine Versprechen Verlass ist. Ich bin übrigens Birgitt. Die harte Form, hinten mit zwei T.»

Es dauerte nicht lange, und die beiden lehnten nebeneinander an der Fensterbank. Hauke erzählte von Rockfestivals. Birgitt beichtete ihm ihre heimliche Vorliebe für *Take That*.

«Hast du auch solchen Durst?», fragte Hauke. «Haben die hier nichts zu trinken? Auf 'nen Red Bull mit Wodka könnte ich jetzt.» Eigentlich mochte er keinen Red Bull, aber Digger und Olli verlangten bei jeder Gelegenheit danach, und gegenüber einer so netten Frau wollte er sich lieber weltläufig geben.

«Igitt, Gummibärenpisse!» Birgitt schüttelte sich und öffnete einfach den Kühlschrank. «Was haben wir denn hier? Roséwein, mit so was haben sich schon unsere Eltern einen angetütert. Los, such mal in den Schubladen nach 'nem Korkenzieher.»

Es wurde spät, die Gäste brachen nach und nach auf, und die Nudeln in Haukes Magen wogen immer schwerer.

Birgitt kicherte. «Ich bin so pappsatt. Und dann der Wein, hoffentlich komm ich heil nach Hause.»

Es stellte sich heraus, dass sie nicht weit entfernt in der

Mansteinstraße wohnte. Hauke bot sich als Begleitschutz an. Am Ende stützten sie einander gegenseitig, mehr tanzend als torkelnd, auf dem Weg zu Birgitts Wohnung. Bis dahin hatten sie einander nicht einmal geküsst.

Wie einfach er das Wochenende hinter sich gebracht hatte. Auch das mit dem Sex, wie gut das geklappt hatte. Sehr gut sogar, im Grunde besser als je zuvor.

Klar, ihr war der Tabakgeruch aufgefallen, das war ja zu erwarten gewesen. Hier musste er nachbessern, vorher duschen und die Zähne putzen. Vielleicht war es auch praktischer, sozusagen offiziell den Gelegenheitsraucher zu geben. Ab und an einen Zigarillo gepafft und nicht auf Lunge inhaliert konnte kaum schaden und würde sogar Birgitts Gnade finden. Er schaltete den CD-Player erneut an, hörte ein paar Takte *Take That* und schaltete wieder aus.

Viel einfacher, als sich das Rauchen anzugewöhnen, wäre es, Jens niemals wiederzusehen. Hauke erschrak bei dem Gedanken, seine rechte Hand umklammerte den leeren Ärmel der Lederjacke.

Nüchtern betrachtet allerdings, wenn Jens ihn tatsächlich hätte wiedersehen wollen, dann hätte er ihm ja wohl von sich aus seine Telefonnummer gegeben. Die Sache war also im Grunde ganz einfach. Für Jens war er ein One-Night-Stand gewesen. Vielleicht war der Kerl sich sogar groß dabei vorgekommen, einen unbedarften Familienvater zu entjungfern. Saß am nächsten Tag in seinem Lkw und lachte sich halb tot über ihn. Jemand wie Jens machte sich garantiert keine Gedanken. Hauke lächelte. Ein Lkw-Fahrer und Selbstreflexion? So was gab es doch gar nicht.

Plötzlich tauchte vor ihm ein Geländewagen mit Pferdeanhänger auf. Hauke trat kräftig auf die Bremse, und die Jacke rutschte vom Beifahrersitz auf den Boden. Er verfluchte das vorschriftsmäßig langsam fahrende Anhängergespann und sich selbst, weil er zu sehr seinen Gedanken nachgehangen hatte und unaufmerksam gewesen war.

Von nun an war Schluss mit dieser Fantasiererei. Er wusste nicht einmal seine Telefonnummer. Er würde ihn niemals wiedersehen, und das war wohl auch besser so. Für die Familie und am Ende auch für ihn selbst. Punkt.

Je weiter er nach Osten kam, desto heller wurde es am Himmel. Die Fahrbahn war längst abgetrocknet. Die Wolken rissen auf und gaben so spät am Nachmittag der Sonne noch ein paar Chancen, die mecklenburgische Erde zu wärmen. Hauke stellte den Tempomaten auf 130, ließ den Audi dahinrollen und angelte nach der Jacke.

Das Kleidungsstück hatte am Werner-Heisenberg-Gymnasium für Aufsehen gesorgt. Der eine oder andere Klassenkamerad durfte sie mal kurz überziehen, aber wirklich nur kurz. Sie war nun schon ein wenig eingetragen und sah dadurch eigentlich nur besser aus. Was Hauke dazu noch fehlte, war ein Paar Stiefel. Und das Geld, sie zu kaufen. Selbstredend, denn alle seine Ersparnisse waren für die Jacke draufgegangen. Allerdings stand demnächst sein 16. Geburtstag an, und spätestens dann würde sich die Situation ändern. Vielleicht schon eher, wenn es ihm gelänge, mal wieder eine Eins zu schreiben, aber das war wohl eher unwahrscheinlich.

Auf dem Weg von der Schule zum Bahnhof führte ihn sein Weg an einem Armyshop vorbei, da standen jede Menge Boots im Schaufenster. Wenn er ein gebrauchtes Paar kaufte, würde er verdammt viel Geld sparen. Außerdem sahen die dann nicht so peinlich neu aus. Er ging nur selten in den Laden hinein. Zum einen waren die Schaufenster groß genug, zum andern ließen die Verkäufer einen niemals in Ruhe stöbern. Als sei jeder Kunde ein potenzieller Ladendieb.

Vor der Ladentür parkte eine Honda. Einen Moment lang schaute er sie bewundernd an, aber nur reflexhaft, denn eigentlich hatte er keine Ahnung von Motorrädern. Zwei Räder und jede Menge Chrom, was anderes war das für ihn nicht. Wenn er ehrlich sein sollte, freute er sich mehr auf den Autoführerschein. Er wandte sich dem Schaufenster mit den Stiefeln zu.

«*Guns N' Roses*, geile Weichspülermucke!» Gelächter dröhnte in seinem Rücken.

Er drehte sich um.

Vier Typen in grünen Bomberjacken sahen ihn an, annähernd zwei Jahre älter. «Oh, Scarface, bitte tu uns nichts», flötete ihr Wortführer, und seine Begleiter prusteten los.

Hauke rutschte das Herz in die Hose. Für die hatte er zweifellos den falschen Haarschnitt. Sicherlich mochten die keine Gymnasiasten mit blondem Pferdeschwanz. Vielleicht wäre er besser in den Laden hineingegangen. Doch dafür war es nun zu spät. Ein kleiner Stämmiger, dessen Atem nach schalem Bier roch, packte ihn am Arm.

Der Wortführer griff nach dem Revers der Jacke. «Echt Leder, nobel, nobel!» Prüfend rieb er das Material zwischen Daumen und Zeigefinger. «Tja, weich ist weich, und hart ist hart. Aber immer weich, das ist hart!» Seine Kumpels grölten.

Hauke fürchtete, die Kontrolle über seinen Darm zu verlieren. Sicher würden sie ihm die Jacke abziehen. Jemand trat ihm in die Kniekehlen, und er rutschte an der Schaufensterscheibe hinab zu Boden. Da tauchte hinter den Angreifern ein weiterer Kerl auf, der die vier beinahe um Haupteslänge überragte. Ein Riese, der den Himmel verdunkelte. Schon spürte Hauke die ersten Tritte an den Beinen. Er schwor sich, die Jacke nie mehr zur Schule zu tragen, wenn er jetzt nur heil davonkam.

Unverhofft packte der Riese den Wortführer am Kragen. «So, Mädels, die Party ist zu Ende!» Er hatte sein zerzaustes blondes Haar ebenfalls zu einem Pferdeschwanz zusammengebunden. «Oder muss ich mir erst 'n Superman-Umhang nähen?» Er hatte leise geredet, aber sein Tonfall duldete keinen Widerspruch.

Der Auftritt wirkte, und die vier Typen trollten sich. Der Riese streckte dem am Boden liegenden Hauke die Hand entgegen, packte ihn am Unterarm und stellte ihn mit einem kräftigen Ruck wieder auf beide Beine. Hauke schluckte und wusste nicht, was er sagen sollte. Sein Retter trug eine schwarze Lederjacke und darüber eine ausgeblichene Weste mit unzähligen Aufnähern.

«Moin moin. Ich bin Olaf», sagte der Riese, und selbst der zottige Bart konnte sein schiefes Lächeln nicht verbergen.

Am nächsten Autobahnparkplatz scherte Hauke kurz entschlossen aus. Er wollte die Jacke endlich mal wieder tragen, jetzt sofort. Mit ihrer künstlichen Antik-Optik sah sie weit älter aus, als sie tatsächlich war. Aber für ihn hatte sie immerhin Geschichte geschrieben, persönliche Geschichte.

Es war ein gutes Gefühl, sie wieder zu tragen. Zügig fädelte er sich in den Sonntagnachmittagsverkehr ein. Beim Hochschalten knarzte leise das Leder. So hatte es sich auch angehört, wenn er mit dem Zug von Wesselburen nach Heide zur Schule gefahren war. Oder wenn er die Jacke im Unterricht anbehalten hatte, weil es cooler war und weil man ihn dann ein wenig bewundert hatte.

Wirkliche Freunde hatte er als Jugendlicher allerdings nicht gehabt, selbst sein Bekanntenkreis war sehr überschaubar gewesen. In der Nachbarschaft gab es Steffen, einen gleichaltrigen Spielkameraden aus dem Kindergarten mit anstrengenden Geburtstagsfeiern, zu denen auch Mädchen eingeladen waren. Selbst auf dem Schulhof hatte er mit ihnen gespielt, in den Augen der anderen Jungs war das unglaublich peinlich gewesen. Während Hauke in seiner neuen Lederjacke herumstolzierte, hatte Steffen plötzlich und ohne ersichtlichen Grund begonnen, hautenge Hosen und Pullis zu tragen. Und das, wo dem Trend nach in den frühen Neunzigern noch *oversized* angesagt war.

Hauke schaltete den CD-Spieler wieder an, und die Musik erinnerte ihn an die ersten Feten. Urplötzlich waren Mädchen dann doch interessant geworden. Man hatte begonnen, ihnen hinterherzuschauen und über sie zu reden. Einzig Steffen verlor seltsamerweise und gewissermaßen über Nacht jedes Interesse an ihnen. Was allerdings auch Vorteile mit sich brachte, denn so konnte man wenigstens mit jemandem auch mal über ernsthafte Themen reden, ohne dass es immer gleich in irgendeiner Form um das weibliche Geschlecht ging.

Tittenblind hatten ihn die anderen Jungs genannt und über ihn gelacht. Dass sich dahinter nichts Gutes verbarg, war leicht zu erraten gewesen. Doch weil sie alle lachten, hatte selbst Hauke mitgelacht. Heute musste er schmunzeln, wenn er über das Wort nachdachte.

Weil sie sich so lange kannten, war er einer der wenigen gewesen, die halbwegs normal mit Steffen verkehrten. Gelegentlich lieh er ihm Bücher und Videos, später lernten sie gemeinsam für den Englisch-Leistungskurs, und auf der Abi-Reise nach Stratford-upon-Avon war Hauke der Einzige gewesen, der sich mit ihm ein Zimmer teilen wollte. Hinterher hatten ihn Schulkameraden gefragt, ob er nicht in Sorge um seinen Hintern gewesen sei. Zu dieser Zeit hatte selbst Hauke schon gewusst, was sie damit meinten, und er erinnerte sich noch immer daran, wie erleichtert er gewesen war. Nicht wegen seines unversehrten Hinterteils, sondern weil keiner von ihnen auch nur in Erwägung gezogen hatte, er, Hauke, könne ebenfalls schwul sein. Das hatte ihm ein wenig Sicherheit gegeben.

Sorgen hatten ihm eher die Mädchen gemacht. Manchmal wünschte er sich, er würde sie einfach ansehen, lächeln und einige originelle Worte sagen. Andere Jungen taten das wie selbstverständlich, nur er versagte in dieser Disziplin. Er war sich sicher, es lag an seiner unreinen Haut. Klar war er gehemmt. Wegen der Pickel und der verdammten Narben im Gesicht.

Dann waren sie mit Olafs Clique nach Roskilde gefahren, und das hatte alles verändert. Den alten Herren war es vor allem um *Aerosmith* und *ZZ Top* gegangen. Olaf hatte sogar seinen Bart wachsen lassen, der allerdings bis zum Festival längst nicht die erforderliche Länge erreicht hatte.

Hauke seufzte. Statt *Take That* sollte jetzt besser *Rage Against the Machine* im Auto laufen. Zu dumm, bei aller Begeisterung für die wiedergefundene Jacke hatte er völlig vergessen, die alten CDs mitzunehmen.

Rage Against the Machine waren den Alten viel zu funky, zu poppig gewesen. Eben kein echtes Schwermetall. Schon seit Wochen war auf Haukes Walkman nichts anderes als *Bombtrack* gelaufen.

Nach der Ankunft beschäftigten sie sich vorerst mit der Vernichtung mehrerer Kisten Tuborg, die sie vor Ort gekauft hatten. Hauke machte sich rechtzeitig auf den Weg zur Bühne, um den Gig ja nicht zu verpassen. Als er ankam, wurde dort noch umgebaut. Es lief Musik vom Band, Besucher spazierten ziellos umher oder suchten wie Hauke nach dem besten Platz. Ihm schien, er sei der Einzige, der allein gekommen war. Um ihn herum standen jede Menge Gruppen, schwatzten auf Dänisch, Deutsch oder Schwedisch. Tags zuvor hatte er sich an einem Stand ein Fan-T-Shirt gekauft, das er nun trug, auch wenn es ein paar peinliche Bügelfalten hatte und ein wenig chemisch roch.

«Wo hast du diesen T-Shirten gekauft?» Ein blondes Mädel schrie mit zischelndem dänischem Akzent gegen die Pausenmusik aus der Konserve an.

Hauke wusste zwar, an welchem Stand er das Shirt erstanden hatte, wie man aber auf kürzestem Weg dorthin kam, das wusste er nicht. Er musste wie immer ein wenig hilflos gewirkt haben. Da sprach ihn endlich eine Frau an, und er konnte nicht einmal eine befriedigende Antwort geben.

Doch sie lachte nur und fragte, ob sie das Konzert zusammen hören wollten. Klar wollte er.

«Ich heiße Mette», schrie sie mit ihrem umwerfenden Akzent.

Ein solches Lächeln hatte er nie zuvor gesehen. Und auf ihrer Stupsnase lächelten ein paar wenige Sommersprossen mit. Die müsste man eigentlich zählen können, dachte Hauke.

Dann legte *Rage Against the Machine* los. Sie spielten *Wake Up*, und er rannte im Circle Pit hinter ihr her. Den Blick immer auf die umherwirbelnden blonden Haare gerichtet. Er durfte sie auf keinen Fall verlieren. Die Menge verdichtete sich zum Moshpit, sie zog ihn aus dem Zentrum des Geschehens heraus, und ihre Arme schlangen sich um seinen Hals. Und tatsächlich, er traute sich, seinen Arm auf ihre Schultern zu legen. Er hatte nur noch Augen für die Stupsnase.

Ob sie älter war als er? Sie küsste ihn, er küsste sie und kam sich dabei fürchterlich unbeholfen vor. Bei *Take the*

Power Back gab er es auf, nachzudenken, und legte die Hände auf ihren Po. Die Jeans saß verdammt eng, aber es gelang ihm, die Hand unter den Bund zu schieben.

Nach Ende des Gigs machten sie sich auf die Suche nach dem Stand mit den T-Shirts, fanden ihn aber nicht. Stattdessen kamen sie an ihrem Zelt vorbei. Zufällig. Ein zitronengelbes Tunnelzelt, das inmitten Hunderter anderer Zelte vielversprechend in der Dunkelheit schimmerte. Mette zog den Reißverschluss auf und kroch hinein. Einen Moment schien sie drinnen nach etwas zu suchen, dann flammte das Licht einer Taschenlampe auf.

«Komm schon», rief sie.

Hauke kroch hinterher. Eine einzige schmale Isomatte lag im Zelt, sodass sie sich eng aneinanderschmiegen mussten, um darauf Platz zu finden. Aus einem Rucksack zauberte sie eine matt changierende Flasche Remy Martin hervor, aus der sie beide einen Schluck tranken, bevor sie die Taschenlampe wieder verlöschen ließ.

Hauke wunderte sich, wie elegant sie sich der knappen Jeans entledigte, in ausgestreckter Position. Schließlich lagen sie Haut an Haut. Er war dankbar für die Dunkelheit, denn sie deckte einen gnädigen Mantel über all das, wofür er sich schämte. Der magere Jungenkörper und die verhassten Pickel, die niemals zu verheilen schienen. War es die Kühle der Nacht oder die Aufregung, er zitterte, und sie breitete den geöffneten Schlafsack über beiden aus, rubbelte ihre Füße an seinen. Trotz der nie verstummenden Musik hörte man den Nylonstoff leise rascheln.

Endlich, Neustadt-Glewe. Hauke verließ die Autobahn. Er passierte das Wäldchen, in dem er letzte Woche geraucht hatte.

Also hatte er doch alles richtig gemacht. Nichts sagen, die Gefühle für sich behalten und einfach abwarten. Darauf hoffen, die Gefühle würden eines Tages verschwinden. Das wächst sich aus, hatte Oma gesagt, wenn es um seine ungewöhnlich starke Akne ging. Warten, sich treiben lassen und auf den Zufall vertrauen. Dass Zufall und Notwendigkeit schon dafür sorgen würden, dass am Ende alles gut würde. Zufällig ein Mädel treffen. Mette in Roskilde oder Birgitt beim Bäcker an der Grindelallee. Ihr dann zufällig auf der Fete der älteren Schwester eines Kommilitonen wiederbegegnen. Und zufällig erwies sich die Liebe auf den ersten Blick als stark genug, um auch einen durch Nudelsalat überfüllten Magen zu ertragen. Die Akne wuchs sich am Ende tatsächlich wie angekündigt aus, und mit den Narben lernte er umzugehen.

Eines war sicher. Nochmals würde er einer Frau wie Birgitt nicht begegnen. So viel Zufall gab es nicht in einem einzigen Leben. Er hätte ihr von Jens berichten müssen. So viel Aufrichtigkeit hatte sie verdient.

Im Apartment angekommen, ließ er erst einmal frische Luft herein. Er hängte die gebügelten Hemden in den Kleiderschrank und verteilte die übrigen Sachen auf die Kommode und die beiden Nachtschränkchen. Dabei fand er auf der abgewandten Seite des Doppelbetts einen gläsernen Aschenbecher, den er in die Pantry stellte. Zuallerletzt stopfte er die beiden leeren Reisetaschen in den großen Koffer und verstaute ihn unter dem Bett. Dann ging er ein letztes Mal hinunter zum Auto, zog die Lederjacke über und steckte die Zigarillos ein.

Der Aschenbecher trug die Aufschrift *VEB Deutrans*, was auf ein gewisses Alter schließen ließ. Durch die beiden offenen Fenster zog sanft der Wind; er hatte sie mit zwei Anzeigenblättern festgeklemmt, die er im Treppenhaus gefunden hatte. Von wegen Nichtraucher. Die Räumlichkeiten waren für eine ganze Weile gemietet, da durfte er auch mal einen Zigarillo paffen. Und dieses Mal hustete er schon nicht mehr so viel.

Seine Strategie hatte exakt bis zu dem Tag funktioniert, an dem er, rein zufällig, einem Kerl über den Weg gelaufen war, der ihn an Olaf erinnerte. Binnen Sekunden waren die jugendlichen Gefühle neu entflammt, die er längst für ausgewachsen gehalten hatte.

Und dieser Kerl hatte nichts dem Zufall überlassen, sondern die Gelegenheit genutzt. Sich genommen, worauf er Lust hatte. Nämlich ihn, Hauke Boie. Und er hatte sich nicht eine Sekunde gewehrt, hatte es geschehen lassen, es sogar genossen. Wo er doch eigentlich hätte dagegen ankämpfen müssen, als richtiger Mann. Nein sagen. Gar nicht erst mit hochgehen. Kein Wasserglas voll Nordhäuser trinken. Schon aus Verantwortung. Seiner Frau gegenüber, den Jungs gegenüber. Seine Familie, Birgitt, Fritz und Georg. Streng genommen war er verantwortungslos.

Aber war er auch schwul? Hauke nahm einen Zug von seinem Zigarillo und beobachtete ein Qualmwölkchen, das nicht gleich wieder vom Luftzug zerstreut wurde. In jener Nacht hätte er ewig in Jens' Armen liegen mögen.

Der Zigarillo war aufgeraucht, und Hauke steckte sich sofort einen neuen an. Er hatte keine Erinnerung mehr an den Morgen danach in Roskilde, auch nicht an den Moment der Trennung. Aber dass Olaf ihn auf der Fähre in den Arm genommen hatte, daran erinnerte er sich genau, denn es war das einzige Mal gewesen.

Der Pulk Motorräder stand im Wartebereich des Fährhafens von Rødby. Die dänische Passkontrolle hatten sie schon passiert. Wie zu erwarten gewesen war, musste jeder Einzelne von ihnen den Ausweis zeigen, so verwegen schauten sie aus.

Die Männer lungerten um die Maschinen herum, rauchten und schimpften auf Dänemark, das dem Schengener Abkommen nicht beitreten wollte. Ja, damals, vor 500 Jahren, da hatten sie es ihnen mal richtig gezeigt. Ungefähr dort, wo heute ihre Raffinerie stand, hatten die Dithmarscher Bauern in der Schlacht bei Hemmingstedt das zahlenmäßig weit überlegene dänische Heer vernichtend geschlagen. Wenn man ihnen zuhörte, mochte man meinen, sie seien an vorderster Front mit dabei gewesen. Hauke stand stumm dazwischen, blinzelte in die Sonne und dachte an Mette. Er hatte vergessen, die wenigen Sommersprossen auf ihrer Nase zu zählen.

Ab und zu klopfte ihm jemand auf die Schulter und bot ihm eine Zigarette an. Doch er lehnte dankend ab. So wie sie alle qualmten, rauchte er ohnehin kostenlos mit.

Plötzlich erschien ein Hafenarbeiter mit Walkie-Talkie und gab Zeichen. Sie stiegen auf und ließen die Motoren an. Hauke saß mit seiner *Guns N' Roses*-Jacke mitten in dem lauten Grollen und schlang die Arme um den vor ihm sitzenden Olaf. Zum ersten Mal war es ihm egal, ob er nicht vielleicht zu sehr klammerte. All die Sorgen waren verflogen. Olaf war und blieb ein guter Freund und Kumpel. Der beste, obwohl er bislang geglaubt hatte, nur Mädchen hätten beste Freundinnen. Aber Sex würde er von nun an mit Frauen haben.

Olaf zirkelte die schwere Honda über Schienen, die in das Straßenpflaster eingelassen waren. Das Motorrad schlingerte, und Hauke klammerte sich noch ein bisschen fester an den Mann vor ihm. Längst schlug sein Helm in solchen Situationen nicht mehr gegen den von Olaf. Knallende Helme waren ohnehin das Schlimmste, was ein Sozius seinem Fahrer antun konnte.

Sicher brachte Olaf sie beide in den Bauch des Schiffes, wo sie die Maschine zwischen Eisenbahnwaggons aufbockten. Minuten später standen sie an Deck und schauten über die Reling. Die Ostsee lag spiegelglatt, die Sonne stand zwischen vereinzelten Wölkchen hoch am Himmel, und es ging nicht einmal eine leichte Brise. Langsam glitt das Fährschiff mit dem schwarzen Rumpf und den weißen Aufbauten aus dem Hafenbecken. Unter Deck öffnete nach dem Auslaufen der Duty-free-Shop seine Pforten, und die anderen machten sich auf, um dort günstig eine Flasche Scotch und eine Stange Zigaretten zu erstehen. Nur Olaf blieb neben Hauke an der Reling stehen.

«Irgendwie bist du heute anders», sagte Olaf und zündete sich eine Zigarette an.

Hauke lachte nur und antwortete nicht.

«Hat das was mit letzter Nacht zu tun?»

«Kann schon sein», antwortete Hauke und lächelte.

«Hast du …?» Olaf bewegte den Daumen zwischen Zeigefinger und Mittelfinger.

Hauke lachte noch mehr, es war einfach unglaublich befreiend.

«Zum ersten Mal?»

«Mmh …»

Olaf langte mit der Hand um Haukes Rücken herum, packte ihn am Oberarm und zog ihn an der Reling zu sich heran.

«Mach mir keine Schande. Du weißt ja, was ich immer unseren Azubis predige.» Er setzte sein schiefstes Lächeln auf und zwinkerte Hauke zu. «Säge, Feile und Schwanz benutzt man ganz!»

Ein paar Sonntagsspaziergänger schauten ihn neugierig an, wie er da in Sporthose und T-Shirt durch die Lange Straße spazierte, die Schritte immer länger werdend, um dann in einen entspannten Trab zu fallen. Nur die Sache nicht gleich übertreiben, sondern langsam angehen lassen. Wenigstens bis zum Ortsende von Parchim konnte er es locker schaffen. Ein bisschen regelmäßiges Lauftraining, und Jens würde ihn loben. Eines Tages.

Bloß nicht wieder diese Seitenstiche. In der Schule hatte sie der Sportlehrer Herr Gregor beschworen, die Atmung zu kontrollieren. Gleichmäßig atmen! Hauke bemühte sich, jeweils zwei Schritte lang Luft zu holen und sie zwei Schritte lang auszupusten. Den Atem durch die Nase einsaugen und gegen den sanften Widerstand der Lippen durch den Mund wieder hinausblasen. Nicht rumhecheln, ermahnte er sich.

An der Elde-Schleuse herrschte Hochbetrieb. Freizeitkapitäne bevölkerten die Anlage. Er hätte gern zugeschaut, aber jetzt schon die erste Pause einzulegen, das ging nun wirklich nicht. Dann der Kreisverkehr und der Bahnübergang. Nichts konnte ihn stoppen. Jens wäre stolz auf ihn. Bei dem Gedanken lächelte er. Dabei wollte er doch nicht länger an ihn denken.

Schneller als erwartet näherte er sich dem Ortsende, er konnte schon die Befeuerung der Landebahn erkennen. Wenn jetzt so ein Riesenjet über ihn hinwegdonnerte, das würde ganz schön auf die Ohren gehen. Aber er war ja in Parchim, es kam keiner. Längst musste er sich nicht mehr auf den Rhythmus konzentrieren und blieb von ganz allein im Takt. Könnten ihn die Jungs so sehen, sie wären stolz auf ihren sportlichen Vater. Wenn er jetzt die Zähne zusammenbiss, konnte er es bis zur Bank auf dem Flughafenparkplatz schaffen.

Beim Abzweig überquerte er die Landstraße und trabte auf dem Fußweg weiter. Um diese Zeit saß Birgitt daheim am

Schreibtisch und bereitete den morgigen Unterricht vor. Auf der Fahrbahn überholten ihn Inlineskater, das schien hier ein Geheimtipp für Fans zu sein. In den Fugen der Gehwegplatten spross das Unkraut, und er wäre beinahe über eine Distel gestolpert. Verließ ihn etwa die Kondition? Er beschleunigte noch einmal die Schritte. Es war doch nicht mehr so weit bis zur Bank. Wenn er wirklich wollte, konnte er es schaffen.

Er hätte eine Flasche Wasser mitnehmen sollen. Seine Lippen wurden mit jedem Atemzug trockener und der Speichel zäher. Er versuchte, den Schleim auszuspucken, doch es war nicht genug da. Reiß dich zusammen, mahnte er sich.

Ohne Vorankündigung fühlten die Beine sich an, als seien sie tonnenschwer. Einige Schritte schaffte er noch, dann musste er stehen bleiben. Die Atmung geriet durcheinander, der Brustkorb schien zu bersten, und ihm wurde schlecht, vornübergebeugt spuckte er in mehreren Intervallen sauren Mageninhalt auf die blühende Kamille.

Der Wunsch, sich hinzusetzen, wurde übermächtig. Weit und breit war keine Bank zu sehen. An eine Straßenlaterne gelehnt hockte er sich an den Fahrbahnrand und rang nach Atem, bitteren Geschmack im Mund. Aus der Tasche der Sporthose zog er ein uraltes Taschentuchknäuel hervor und säuberte sich die Lippen.

Aus vollem Herzen wünschte er Jens mit seinem Lkw herbei, der ihn nach Hause brachte. Doch Jens kam nicht. Es schien, als käme plötzlich überhaupt niemand mehr.

Selbst die Langoliers ließen sich nicht blicken, dabei hätten sie heute in ihm ein leichtes Opfer gefunden.

12

Auf dem Weg ins Büro hielt Hauke an der Tankstelle und kaufte eine Packung Butterkekse. Er war früh dran, das Büro noch leer. In der Küche stibitzte er einen Beutel Pfefferminztee aus Frau Sprungs Vorräten, um seinen Magen zu beruhigen.

Endlich saß er am Schreibtisch, kaute einen Keks und streichelte dem Schrecklichen Sven den geharnischten Bauch.

Hey Kumpel, ich glaub, ich mach irgendwie alles falsch.

Der Raucherunterstand draußen war um diese Zeit noch leer, der Kleine mit dem knackigen Hintern hatte sicherlich gerade erst angefangen zu arbeiten. Zu Hause machte Birgitt jetzt das Frühstück für die Jungs. Er schluckte den Keks hinunter und schlürfte den heißen Tee. In diesem Moment klingelte das Telefon. Das konnte nur Birgitt sein. Ohne weiter auf das Display zu schauen, griff er rasch nach dem Hörer.

Von einem Handy rief ihn eine unbekannte männliche Stimme an, im Hintergrund brausender Verkehr. Die Worte Polizei und Alkohol fielen. Nach und nach kristallisierte sich heraus, worum es ging. Ein Klein-Lkw der Lewitz-Haus GmbH mit vier Bauarbeitern war auf dem Weg zur Baustelle geblitzt worden, gleich hinter Parchim auf der Bundesstraße 191. Der Fahrer stand unter Alkoholeinfluss und saß noch im Polizeiauto. Sie hatten den Teamleiter nicht erreichen können und stattdessen in der Zentrale angerufen. So war das Gespräch bei Hauke aufgelaufen. Der Mitarbeiter fragte nach weiteren Anweisungen. Hauke bat ihn, einen der Beamten ans Telefon zu holen. Unterdessen war Frau Sprung eingetroffen und winkte ihm durch die offene Bürotür zu.

Es dauerte einen Moment, dann meldete sich jemand mit amtlichem Tonfall. Er teilte Hauke mit, der Fahrer, den Namen wollte er nicht nennen, würde zwecks Blutentnahme in das Polizeihauptrevier nach Parchim, Wallallee 32, verbracht. Hauke erkundigte sich sicherheitshalber, ob denn die drei anderen Mitarbeiter fahrtüchtig seien. Der Polizist wollte sich dazu nicht äußern, meinte allerdings, sie verhielten sich unauffällig. Schließlich gab er das Telefon wieder zurück.

Hauke fragte den Mann nach dem Namen des Betroffenen und notierte ihn auf einem Post-it. Dann wies er die drei verbliebenen Mitarbeiter an, ohne ihn weiterzufahren. Er legte auf und rief durch die geöffnete Tür nach Frau Sprung.

«Sagt Ihnen der Name Rainald Brandes etwas?»

Sie erschien in der Tür. «Oje, der Rainald.»

Hauke ließ sich die Personalakte bringen. Obendrauf waren schon zwei Abmahnungen abgelegt, die letzte erst sieben Monate alt. Alle hatten mit Alkohol am Arbeitsplatz zu tun, beim letzten Mal war Brandes angetrunken in einem Dachstuhl herumgeturnt. Heute jedoch hatte er den Bogen überspannt. Unter Alkoholeinfluss fahren und drei Kollegen gefährden, das war kein Pappenstiel.

Jemanden wie Brandes hätten sie niemals ans Steuer lassen dürfen. Hauke blätterte in der Akte und stellte fest, dass ihm bereits vor zwei Jahren das Führen von Firmenfahrzeugen ausdrücklich untersagt worden war. Er atmete tief durch. Das war nicht der Moment, ein Auge zuzudrücken. Im Privatleben konnte er das tun, aber im Berufsleben war regelkonformes Vorgehen angesagt. Niemand sollte ihm etwas nachsagen oder vorwerfen können.

Er griff zum Telefon und rief Uwe Herrmanns an. Den Hintergrundgeräuschen nach zu urteilen, nahm Herrmanns das Gespräch irgendwo in einer Fertigungshalle auf seinem schnurlosen Telefon an.

«Rainald Brandes, sagt Ihnen der Name was?»

«Lassen Sie mich raten. Alkohol? Reicht es, um ihn loszuwerden? Wenn ja, dann nichts wie raus mit ihm.»

«Ja, es reicht», bestätigte Hauke und bedauerte im gleichen Moment, dass sie keinen Betriebsrat hatten. In der alten Firma hätten sie den jetzt dazugeholt, das hätte die Sache für alle Beteiligten einfacher gemacht.

Hauke ging zu Frau Sprung hinüber und fragte nach dem direkten Vorgesetzten von Brandes. Das war der Teamleiter Ulf Radtke, ein Zimmerer. «Besorgen Sie mir seine Handynummer», bat er.

Wenige Minuten später rief er bei Radtke an. Am anderen Ende der Leitung war nur ein Räuspern zu hören. «Herr Radtke?»

Wieder räusperte sich Radtke. «Hör'n Sie, ick will niemanden schlechtmachen, und ick will den Rainald och nich um seinen Job bringen, aber so jeht dit nich weiter. Der Rainald findet ehmt den Schalter nich.»

«Wir werden heute Nachmittag ein offenes Gespräch mit Brandes führen. Ich muss Sie bitten, als sein unmittelbarer Vorgesetzter daran teilzunehmen.» Hauke wunderte sich selbst über den formalen Tonfall und die rationale Kälte, die er an den Tag legen konnte. Es stellte sich heraus, dass Radtke an der Baustelle in Plau am See abgeholt werden musste, und er beschloss, dies selbst zu erledigen. Das würde ihm ausreichend Gelegenheit geben, Radtke auf dem Weg in die Firma auf das Gespräch vorzubereiten. Das Gespräch, das Brandes um seinen Arbeitsplatz bringen würde.

Er gab in Google Maps den Ortsnamen ein, und der Computer schlug zwei Routen vor. Über die A24 oder auf der B191 über Lübz. Er entschied sich augenblicklich für die Tour über Lübz.

Die Siedlung mit den dreistöckigen Mietshäusern fand Hauke auf Anhieb wieder, auch das Haus, in dem Jens wohnte. Er parkte direkt davor. Auf dem Beifahrersitz lagen ein paar Bogen Papier, die er im Gehen rasch aus seinem Laserdrucker genommen hatte. Er zog den Straßenatlas aus dem Ablagefach der Beifahrertür, um ihn als Unterlage zu benutzen, und faltete einen Bogen in der Mitte. Dann begann er zu schreiben. Eine schriftliche Nachricht mit Telefonnummer zu hinterlassen war allemal sicherer, als jeden Abend am Flugplatz herumzulungern, in der Hoffnung, der Kerl würde dort irgendwann auftauchen.

Unsere gemeinsame Nacht neulich geht mir nicht aus dem Kopf. Ich kann an nichts anderes mehr denken und würde dich gern wiedersehen. Bitte melde dich doch unbedingt bei mir.

Das war schnell dahingeschrieben, und er las den Text nochmals durch. Nein, so ging das nicht. Das klang irgendwie albern, und Jens musste ja annehmen, er würde klammern. Hauke legte den Entwurf beiseite und nahm den nächsten Bogen.

Seit unserer gemeinsamen Nacht ist viel passiert. Würde sehr gern mit jemandem darüber sprechen. Melde dich doch bitte mal bei mir, ich brauch jetzt jemanden zum Reden.

Schon beim letzten Satz war ihm klar, dass er damit Jens nur vergraulen würde. So zynisch, wie der daherkam, musste er ungefähr auf gleichem Level schreiben. Irgendwie belanglos, nur nicht betteln, keine moralischen Verpflichtungen anmahnen. Es sollte nicht zu flehentlich klingen, nicht zu sehr nach großer Liebe. Dass er jemanden zum Reden brauchte, würde sich dann sowieso ergeben, warum sollte er Jens damit im Vorfeld erschrecken. Und ja, selbst wenn es nur um ein weiteres Mal Sex ginge, wieso nicht.

Würde dich gern wiedersehen. Einfach nur so, wie letzte Woche. Wenn du magst, ruf mich an, würde mich freuen.

An der Briefkastenanlage ging er die Namen durch. Tatsächlich, da war er, Jens Schweiger. Probehalber drückte er mehrfach auf den Klingelknopf, natürlich öffnete niemand um diese Zeit. Einen Briefumschlag nahm er bewusst nicht. Der Zettel sollte privat aussehen und ein wenig improvisiert. Hauke schob den gefalteten Bogen durch den Briefkastenschlitz. Er schaute sich noch einmal um. Es war leer in der Straße, sicher hatte ihn niemand beobachtet. Selbst wenn, er hatte ja nichts Unrechtes getan. Nur einem fremden Kerl eine Art Liebesbrief eingesteckt. Verrückt, oder auch nicht, ganz wie man es nahm. Lächelnd stieg Hauke ins Auto.

Was er da eben getan hatte, konnte ihn seine Ehe und die Familie kosten. Er musste verrückt sein. Aber er hatte nicht einmal ein schlechtes Gewissen.

«Find ich in Ordnung, dass wir das jetzt so glatt durchziehen. Da haben meine Männer nur drauf gewartet. Unser Alkoholist macht ab morgen den Freizeitgestalter.» Ulf Radtke lehnte sich in den Stuhl an Haukes Besprechungstisch. Schon die Rückfahrt von der Baustelle war entspannt gewesen. Er war ausgesprochen redselig, sprach mit Brandenburger Dialekt und nahm kein Blatt vor den Mund. Brandes bereitete ihm seit Langem Sorgen. Seine Trinkerei war längst ein mehr oder minder offenes Geheimnis, und die Bereitschaft, ihn zu decken, tendierte bei den jüngeren Kollegen gegen null.

Hauke bat ihn, einen Moment zu warten. Er selbst ging rasch zu Wagner hinüber, das Kündigungsschreiben abholen, das er heute Morgen Frau Sprung hatte aufsetzen lassen. Wagner ließ es sich nicht nehmen, seine Zufriedenheit zum Ausdruck zu bringen und das Schriftstück in Haukes Gegenwart zu unterzeichnen.

Kaum war er wieder in seinem Büro, erschien auch Frau Sprung zusammen mit Brandes, den sie vom Polizeirevier abgeholt hatte. Brandes sah mitgenommen aus, schien aber gefasst zu sein, als wüsste er, was auf ihn zukam. Er trug noch Arbeitskleidung. Hauke blieb keine Zeit, über die Situation nachzudenken, keine Zeit für Lampenfieber oder Zweifel. Er würde das jetzt durchziehen. Brandes, mit der geballten Autorität von Teamleiter und Personalchef konfrontiert, sank auf dem ihm angebotenen Stuhl in sich zusammen. Seine Hände zitterten kaum merklich. Was er jetzt brauchte, war ein Schnaps, besser ein doppelter, mindestens. Hauke setzte sich neben Radtke, der raumgreifend dasaß und siegesgewiss strahlte.

Die Angelegenheit selbst war schnell erledigt. Hauke konfrontierte Brandes mit den Vorwürfen, der aber unternahm nicht einmal den Versuch, sich zu verteidigen. Am Ende händigte er ihm das Kündigungsschreiben aus, das Brandes ungelesen in die Brusttasche seines Hemds steckte. Anschließend übergab Hauke ihm die Checkliste für ausscheidende Mitarbeiter und bat ihn, diese mit Frau Sprung durchzugehen, mit ihr könne er auch die Rückgabe der noch bei ihm befindlichen Arbeitskleidung absprechen.

In der offenen Tür nahm ihn Frau Sprung mit betroffenem Gesichtsausdruck in Empfang. Brandes selbst wirkte jetzt gelöst und lächelte ein wenig.

Auch Radtke erhob sich und schüttelte Hauke kräftig die

Hand. «Ich danke Ihnen. Wir haben jetzt draußen ein Problem weniger. Sagen Sie mir nur noch, was ich tun muss, damit wir so schnell wie möglich Ersatz bekommen.»

Bevor Hauke antworten konnte, klingelte sein Telefon. Herrmanns war dran. «Boie, das haben Sie prima gemacht!»

Auf dem Weg in sein Apartment hielt Hauke an der Tankstelle und erstand bei der Frau mit dem Augenbrauen-Piercing eine Flasche Nordhäuser Doppelkorn. Mit der Flasche bewaffnet, stieg er die Treppe hinauf und goss sich ein Glas ein, noch bevor er die Büroklamotten auszog.

Jetzt Alkohol zu trinken war ziemlich unüberlegt. Wenn er noch zum Flugplatz wollte, müsste er das Fahrrad nehmen. Autofahren kam nicht mehr infrage. Da fiel ihm ein, dass die Wirtin das Rad ja in die Werkstatt gebracht hatte. Er nahm noch einen Schluck Korn. Dann eben nicht, blieb er eben hier. Er öffnete die Fenster, setzte sich auf die Couch und zündete einen Zigarillo an.

Nach einer Weile ging das Telefon. Birgitt meldete sich, der gewohnte abendliche Anruf.

«Schatz, mir … geht es nicht so gut», stammelte Hauke.

«Hast du etwa getrunken?» Sie sprach mit ihrer strengen Lehrerinnenstimme, die keinen Widerspruch zuließ.

«Ich … also ich glaub … ich hab Scheiße gebaut.»

Sie antwortete nicht, als erwartete sie eine Art Geständnis.

«Wir haben … also ich habe heute einen Mitarbeiter fristlos entlassen.»

«Und, ihr hattet hoffentlich einen guten Grund.»

«Hatten wir. Er war Alkoholiker, hat betrunken am Steuer eines Firmenwagens gesessen.»

Birgitt lachte kurz auf, und es klang angesichts seines eigenen Alkoholkonsums ein wenig höhnisch.

«Bestell du bitte den Jungs Gute Nacht von Papa. Vielleicht ist es besser, sie hören mich nicht so.»

«Okay, mach ich. Und nimm es dir nicht so zu Herzen. Die Jungs und ich, wir haben dich lieb.»

«Ich euch auch.» Hauke räusperte sich. «Ich vermisse euch so sehr.»

Er legte die Füße auf die Couch und lehnte sich zurück. Das war jetzt eine Situation, in der man heulen müsste. Seine Augen füllten sich ein wenig mit Tränen, aber richtig zu weinen, hemmungslos wie als Kind, das gelang ihm nicht. Er versuchte sich daran zu erinnern, wann er das letzte Mal geweint hatte. Als sein Vater gestorben war? Nein, da schon nicht mehr. Er schenkte sich noch ein Glas ein und trank es in einem Zug leer.

Hauke erwachte, weil ihm kühl wurde. Er stand auf und klappte die Fenster zu. Auf dem Couchtisch stand die zu einem Drittel geleerte Kornflasche. Er drehte den Verschluss fest zu und stellte sie in den Kühlschrank.

Plötzlich ging das Telefon. Das konnte nur Birgitt sein. Das Display zeigte allerdings eine unbekannte Nummer, und für einen Moment war er enttäuscht. Dann zog er den Zeigefinger über das Display, um das Gespräch anzunehmen.

Es war Jens. Er lachte, weil er am Flugplatz auf Hauke gewartet hatte, enttäuscht gewesen war und grad eben erst den Zettel im Briefkasten gefunden hatte.

Vor lauter Überraschung brachte Hauke kaum ein Wort heraus. Seit ihrer Begegnung war ihm so vieles durch den Kopf gegangen, doch wo sollte er anfangen? Er konnte den Mann kaum mit Beziehungsstress behelligen, das war er sicher nicht gewohnt.

«Dachte, du sitzt auch gern allein am Flugplatz.» Durch

das Telefon war zu hören, wie Jens an einem Zigarillo zog. «Sehen wir uns noch?»

«Gern, aber ich hab schon was getrunken. Ich kann jetzt nicht mehr fahren.»

«Du hast getrunken? Hoffentlich nicht wegen 'nem anderen Kerl.»

«Wenn man so will, ja. Ich hab heute jemandem gekündigt, fristlos. Die arme Sau hat sich nicht mal gewehrt, und in der Firma haben mir alle gratuliert. Ich bin für die jetzt der Held. Nur, ich fühl mich gar nicht so.»

«Geht das denn so einfach mit dem Kündigen?»

Jens stellte die gleichen Fragen wie Birgitt, und Hauke antwortete, was er ihr geantwortet hatte.

«Also kein Grund, selbst auch zum Alkoholiker zu werden.» Seine Stimme bekam einen leicht missionarischen Unterton, wurde dann aber plötzlich wieder ganz rigoros. «Drehst du morgen deine Runde mit dem Rad?»

«Ist noch in der Werkstatt, werd' mal nachfragen müssen.»

«Wirst du wohl müssen.»

13

Die Aussicht, Jens wiederzusehen, ließ Hauke umtriebig werden. Sosehr er sich auch in die Arbeit vergrub, wann immer er an ihn dachte, selbst wenn es nur flüchtig war, bekam er eine Erektion. Schließlich schloss er sich auf der Toilette ein, holte den harten Schwanz heraus und drückte ihn. Er zog die Vorhaut zurück und verrieb einen Tropfen Vorsaft auf der Eichel. Nein, verdammt. Er würde jetzt nicht wichsen. Bis zum Abend würde er es schon noch aushalten.

Auf dem Rückweg kam ihm Frau Sprung entgegen. «So gut, wie Sie drauf sind, hat Uwe Herrmanns Sie wohl schon erreicht? Er wollte sich bei Ihnen bedanken wegen Brandes. Wie es aussieht, sind Sie sein Held des Tages.»

Hauke lachte.

Frau Sprung fuhr im Flüsterton fort. «Genießen Sie es, das kommt wahrhaftig nicht häufig vor.»

Zurück am Schreibtisch zog er die Schachtel Sprachlos hervor und öffnete sie. Auf den Deckblättern traten die Blattadern des Tabaks wie angeschwollene Blutgefäße hervor. Er schnüffelte ein wenig. Ach ja. Die Uhr zeigte Viertel nach elf. Noch fast sechs Stunden. Er sah zum Fenster hinaus. Draußen standen wieder die drei Kerle und rauchten. Wieso stattete er ihnen nicht endlich mal einen Besuch ab?

Mit ein wenig Herzklopfen schritt Hauke auf den Raucherunterstand zu. «Tachschön!» Er nickte ihnen zu und steckte sich einen Zigarillo zwischen die Lippen.

Die drei nickten ebenfalls und schauten ihn neugierig an. Äußerlich unterschied er sich nicht mehr allzu sehr von ihnen. Er hatte beschlossen, Uwe Herrmanns' Beispiel zu folgen, und sich von Frau Sprung ein paar von den beigefarbenen Arbeitshemden besorgen lassen. Eines davon trug er nun zu einer normalen Jeans.

«Neu bei Lewitz?», fragte einer der Raucher.

«Jetzt die dritte Woche.»

«Fest angestellt?»

Jens nickte, blies den Rauch durch die Nase und wartete darauf, dass man ihn nach seiner Tätigkeit fragen würde. Doch niemand fragte. Auf kurze Entfernung ähnelte der Kleine dem guten alten Digger kein bisschen, trotz des knackigen Pos. Hauke nahm einen kräftigen Zug von seinem Zigarillo.

Drüben auf dem Parkplatz hielt ein Wagen, und Uwe Herrmanns stieg aus, ebenfalls im Canvashemd. Er sah Hauke, machte kehrt und ging auf den Unterstand zu. Die drei schauten Hauke aufmerksam an. Herrmanns schüttelte jedem die Hand und blieb zuletzt bei Hauke stehen. Er legte ihm die Hand auf die Schulter und schob ihn ein wenig beiseite.

Mit leiser Stimme sprach er direkt in Haukes Ohr. «Gut haben Sie das gemacht. Und ich bin sicher, es zeigt Wirkung. Manchmal muss man auch mal Flagge zeigen. Ich danke Ihnen.»

Herrmanns entschwand in Richtung Hauptgebäude. Stumm klammerten die drei sich an ihre Zigaretten.

«Du klingst aber nicht, als wärst du von hier», sagte schließlich der Große, und seine beiden Kollegen wandten sich ihm zu, wohl ein wenig erschrocken über so viel Kühnheit.

Hauke blickte in seine blassgrauen Augen und lachte. «Stimmt. Ich bin aus Wesselburen, das ist in Dithmarschen. Meine Eltern haben da 'ne Zimmerei.»

Die drei nickten anerkennend. Diggers Doppelgänger hielt den Blick unverwandt auf die Zehenkappen seiner Arbeitsstiefel gerichtet. Blickkontakt mit ihm aufzunehmen war unmöglich. Dabei hatte der Kleine aus der Ferne locker und unverkrampft gewirkt.

«Wir müssen dann mal wieder ...», sagte der Große und drückte die Kippe in den Aschenbecher.

«Haut rein!», antwortete Hauke und sah ihnen nach, wie sie durch eine Seitentür in die Fertigungshalle eintraten. Zuletzt verschwand der Kleine, schaute noch einmal zum Himmel, als wollte er sich die Erinnerung daran bewahren. Für Hauke hatte er keinen Blick übrig.

Im Treppenhaus nahm Hauke immer zwei Stufen auf einmal. Er musste unbedingt dem Schrecklichen Sven berichten. Der erwartete ihn an gewohnter Stelle, sein schwarzer Bart glänzte.

Hey Kumpel, hab mir die Jungs mal genauer betrachtet. Stell dir vor, ich bin runter und hab nachgesehen, einfach so.

Hauke schien, der kleine Freund lächelte ein wenig unverfrorener als gewöhnlich.

Der erste Kreisverkehr am Flugplatz. Hauke kurbelte am Lenkrad. Vor lauter Aufregung hatte er es nicht länger am Schreibtisch ausgehalten. Er würde Jens wiedersehen, noch heute Abend. Das Fahrrad war nicht fertig geworden, aber schließlich konnte er auch mit dem Auto zum Flugplatz fahren. Und anschließend ... anschließend würden sie von da gemeinsam nach Lübz fahren. Er hatte eben noch kurz im Apartment vorbeigeschaut und war unter die Dusche gesprungen. Er würde die Nacht dort verbringen, und wenn es sein musste, auch wieder mit ihm eine Runde laufen. Zumindest versuchen würde er es. Hauke parkte am vereinbarten

Treffpunkt und wartete. Er war zu früh dran, beinahe eine halbe Stunde.

Nieselregen setzte ein und breitete einen grauen Schleier über dem Land aus. Der Parkplatz und das Flugfeld lagen wie ausgestorben. Nicht einmal die üblichen versprengten Inliner verirrten sich bei diesem Wetter hierher. Nur ein einsamer Tanklastzug und ein verwaistes Gangwayfahrzeug zeugten von aktiveren Zeiten. Der Regen hüllte den Maschendrahtzaun rund um das Rollfeld ein und machte ihn beinahe unsichtbar.

Hauke zog einen Zigarillo hervor und zündete ihn an. Er öffnete das Seitenfenster, blies den Rauch hinaus und wartete. Natürlich war es möglich, dass Jens nicht kam, ihn versetzte. Ein Blick auf die Uhr, noch zehn Minuten bis zum vereinbarten Zeitpunkt. Er bekam etwas Rauch in die Lunge und hustete.

Fast auf die Minute pünktlich näherte sich der Lkw. Jens sprang aus dem Fahrerhaus, lief die paar Schritte durch den Regen und ließ sich in den Beifahrersitz fallen. Wie selbstverständlich legte er die Hand auf Haukes Oberschenkel und sah ihn an. Seine Stirn legte sich in Falten.

«Was wird das denn?»

Hauke hob mit der freien Hand demonstrativ die blaue Schachtel in die Höhe und lächelte. «Was soll das schon werden, kennst du doch.» Er nahm noch einen Zug, doch statt den Rauch aus dem Fenster zu blasen, pustete er ihn Jens direkt ins Gesicht.

«Amateur! Gib her das Ding.»

Widerstandslos ließ Hauke sich den fast aufgerauchten Zigarillo aus der Hand nehmen. Jens nahm selbst einen kräftigen letzten Zug und warf den Stummel durch das offene Fenster hinaus. Mit leisem Zischen verlosch er in einer Pfütze.

Die Borsten des gestutzten Vollbarts kitzelten Haukes Gesicht, und er rutschte unwillkürlich ein wenig den Sitz hinunter. Um die Lehne weiter zu kippen, tastete seine Hand nach der Sitzverstellung. Vergeblich, ohne eingeschaltete Zündung bewegte sich der elektrische Mechanismus nicht. So zog er Jens mit dem anderen Arm einfach näher zu sich heran und steckte den Kopf unter die gelbe Jacke.

Die Gedanken rasten durch seinen Kopf wie eine aufgeschreckte Rinderherde. Dabei hätte er Jens so gern gesagt, wie sehr er diesen Moment herbeigesehnt hatte seit ihrem letzten Treffen. Dass ihn noch nie jemand so erregt hatte. Dass er ihn einfach nur festhalten solle. Dass dieser Moment niemals enden dürfe. Stattdessen schlang er seine Arme um den großen Kerl, hielt ihn gepackt, während sich dessen Zunge in seinen Mund schob.

Hintereinander stiegen sie die schmale Treppe zu Haukes Apartment hinauf. Sie trugen Papiertüten in den Armen, aus denen das gesättigte Aroma von Big Macs und Pommes frites strömte. Hauke angelte den Schlüssel aus der Hosentasche und öffnete die Tür. Die Tüten legten sie in der Pantry ab.

Neugierig sah Jens sich um. «Das zahlt die Firma alles für dich? Hut ab!»

«Noch einen Monat, dann muss eine Alternative her. Aber ich überleg schon, ob ich nicht hier wohnen bleibe. Hier muss ich mich um nichts kümmern.»

«Bist echt 'ne faule Socke!» Jens lachte und hängte die Jacke an die Garderobenhaken neben die *Guns N' Roses*-Jacke. «Was 'n das?»

Jens versuchte vergeblich, sich in die Lederjacke zu zwängen. In knappen Worten berichtete Hauke von seiner jugendlichen Musikleidenschaft, den Besuchen bei Festivals und wie er die Jacke wiedergefunden hatte.

«Du willst also wieder mal hin. Weil du's wirklich willst, oder weil's grad so angesagt ist?» Jens hängte die Lederjacke wieder zurück.

Hauke schluckte. Er wusste mal wieder nicht, was er antworten sollte. Irgendwie hatte Jens recht. Dieser Abschnitt seines Lebens war vorbei. Unwiderruflich. Jens hatte die Sache auf den Punkt gebracht, kurz und knapp.

Jens trat auf ihn zu und strich ihm mit der Rückseite des Zeigefingers über die Wange. «Siehst immer noch aus wie ein Teenager, mit dem die Fantasie durchgegangen ist.» Er lächelte.

Hauke schluckte und forschte nach einem spöttischen Ausdruck in diesem Lächeln. Wenn Jens wüsste, wie sehr er daran gearbeitet hatte, dass die Fantasie eben gerade nicht mit ihm durchging, so viele Jahre lang. Freiwillig hatte er nach einem Ersatz gesucht, darin war er ebenso erfinderisch wie erfolgreich gewesen. Er spürte das unbändige Verlangen, ihn zu berühren. Ihn zu umarmen, ihn anzufassen, von ihm angepackt zu werden.

«Zieh die Fahrradhose an, los.»

Erstaunt sah Hauke auf. Aber da lag so ein Tonfall in Jens' Stimme, dem er nichts entgegenzusetzen wusste. Wenn er es überhaupt gewollt hätte.

Eine Minute später stand er da, nur mit der schwarzen Radlerhose bekleidet. Ihn fröstelte. Wie zum Schutz hielt er die Arme vor dem Oberkörper verschränkt. Die Blässe, die Pickel auf dem Rücken, die flache Brust … Was fand der Kerl nur an diesem Aufzug?

Jens trat hinter ihn. Die Wärme, die von ihm ausging, war deutlich zu spüren. Schließlich griff er von hinten nach der

Beule in der Radlerhose. Alle Wärme konzentrierte sich in dieser einen Hand.

Doppelkorn brauchte Hauke keinen. Er drehte sich um, zog Jens das T-Shirt über den Kopf und öffnete die Gürtelschnalle. Jens stieß ihn auf das Doppelbett, kniete sich über ihn. Finger schoben sich in seinen Mund, sie schmeckten nach Tabak. Er wünschte den Schmerz herbei, der nun unweigerlich folgen würde. Als es so weit war, schrie er vor Erleichterung in die fremde Hand hinein.

«Hast du auch Hunger?», flüsterte Jens ihm ins Ohr und kroch, ohne eine Antwort abzuwarten, aus dem Bett. Draußen im Wohnraum ging kurz das Licht an. Im Bett raschelte er mit den Papiertüten. «Ich glaub, die sind nicht mehr so prall.»

Hauke bekam ein erkaltetes Kartoffelstäbchen in den Mund geschoben. Ein durchweichter Pappkarton konnte nicht fader sein. Dennoch hatte ihm noch nie zuvor ein Essen so gut geschmeckt. Nicht einmal der Nudelsalat, den er mit Birgitt verspeist hatte. Sie fütterten einander mit welken Pommes und lauwarmem Big Mac. Soße und Gurkenstückchen kleckerten auf Haukes Brust, Jens leckte sie begierig auf.

«Das ist das ekligste Zeug, das ich je gegessen habe», flüsterte Hauke und kicherte.

«Psst», Jens legte ihm den Finger auf den Mund. «Nichts sagen, einfach genießen.»

Der Zigarillo wanderte von Hand zu Hand. Gelegentlich fielen Flocken neben den *Deutrans*-Ascher, es kümmerte sie nicht. Nach und nach kroch der Rauch in den letzten Winkel des Schlafzimmers. Als Hauke endlich einschlief, lag er rücklings an den großen Mann geschmiegt. Zusammengerollt wie ein junger Hund, träumte er von jenem Tag, an dem er geglaubt hatte, seine Teenager-Fantasien endgültig besiegt zu haben.

Die Abendsonne hatte verschwenderisch ihr orangerotes Licht über das Wattenmeer verteilt. Hauke und Steffen lehnten am Geländer des Eidersperrwerks und schauten landeinwärts, den Fluss hinauf. Am Vormittag hatten sie die mündliche Abiturprüfung bestanden, sich gleich im Anschluss daran den Suzuki Jimny von Steffens Mutter geliehen und waren zu einer ausgedehnten Spritztour Richtung Dänemark gestartet. Es war spät geworden; Wesselburen lag schon beinahe wieder in Sichtweite.

Wind kam auf und wirbelte Haukes Pferdeschwanz über die Schulter. Mit einer zum Reflex gewordenen Handbewegung warf er ihn wieder zurück.

«Morgen früh hab ich 'nen Friseurtermin.»

Steffen sah ihn an und seufzte. «Schade drum. Und hast du dich wirklich ...»

«Ja, für zwei Jahre. Wat mutt, dat mutt, hat Oma immer gesagt.» Hauke drehte sich um und spuckte ins dunkle Wasser. Doch der Speichelfleck trieb landeinwärts, die Kraft der Nordsee drückte gegen die Strömung der Eider. «Musst du jetzt eigentlich die Zivi-Stelle in Meldorf nehmen, oder hat's doch noch mit Köln geklappt?»

«Yep, nächste Woche fahr ich runter.»

«Weiter weg ging's wirklich nicht.»

Sie schauten beide landeinwärts. Zwei Deiche zwängten den Fluss in ein schmales Bett, wo einst eine mächtige Trichtermündung gewesen war.

«Ich mach hier den Aal. So schnell sehn die mich nicht wieder. Blöde Sprüche hör ich mir keine mehr an, das kannst du mir glauben.» Steffen fröstelte und zwängte die Hände in die knappe Baseballjacke. Seine Stimme wurde leise. «Was ich dich fragen wollte, dieser Typ, mit dem du immer abhängst …»

«Olaf?»

«Yep, der Große mit der Honda.» Steffen flüsterte jetzt beinahe. «Wirst du den nicht vermissen? Ich meine, vielleicht stationieren sie dich sonst wo.»

Hauke lächelte. Seine Fußspitze spielte mit einem hölzernen Eisstiel, der auf dem Boden im Dreck lag. Vermissen? Vergessen wollte er ihn, das würde vieles vereinfachen. Kurz entschlossen kickte er den Stiel hinunter ins Wasser.

«Nö. Olaf kommt schon allein klar.»

Die Haferflocken schwammen kurz auf der Milch, versanken aber beim Umrühren. Hauke sah zu, wie Jens so lange Körner aus der Tüte rüttelte, bis er mit der Konsistenz zufrieden war.

«Ich mutier hier noch zum Müslibruder», feixte Jens. «Überhaupt werd' ich irgendwie nicht schlau aus dir.»

«Wieso …» Hauke hörte auf zu kauen.

«Manchmal gibst du den Unerfahrenen, Schüchternen. Was ich übrigens recht geil finde.»

«Stimmt ja auch.»

«Soso. Und bei unserer ersten Begegnung an der Tankstelle? Ich war kaum aus dem Lkw raus, da stierst du mich schon an. Wow, denk ich. Ein interessierter Kerl in unserem beschaulichen Parchim. Ich erwidere also deinen Blick, und was passiert? Du glotzt verschämt in irgendeine Zeitung.» Er holte tief Luft.

Hauke schmunzelte. Eigentlich war er doch nur überrascht gewesen.

«Süßer muss das.» Jens rührte noch einen gehäuften Löffel

Nesquick in sein Müsli und aß dann mit viel Appetit. «Ach, was ich noch fragen wollte, wer ist eigentlich Olaf?»

Hauke ließ den Löffel sinken. Jens schaute ihn mit Unschuldsmiene erwartungsvoll an. Woher zum Teufel wusste er von Olaf?

«Oh, oh!» Jens feixte. «Du machst ja ein Gesicht, als hätte ich dich bei was ertappt. Egal, geht mich auch nichts an. Solltest nur aufpassen, hast im Schlaf zweimal nach ihm gerufen.» Er schob die leere Schale von sich. «Ich muss mal los, rabotten gehen.»

«Kein Problem, ich bring dich eben.»

«Lass mal stecken. Wo ich heute schon nicht gelaufen bin, kann ich wenigstens die paar Schritte gehen. Ich dank dir für das Frühstück und die frische Unterhose.»

Nachdem Jens das Apartment verlassen hatte, zerrte Hauke im Schlafzimmer die Bettwäsche von der zweiten Betthälfte und trug sie ins Wohnzimmer. Er errichtete auf der Couch ein Lager und legte sich kurz hinein, damit es auch benutzt aussah. Unter Garantie hatte die Wirtin längst bemerkt, dass er die Nacht nicht allein verbracht hatte.

Dem Bettzeug haftete immer noch der vertraute Geruch an. Er steckte den Kopf unter die Decke und atmete tief durch.

Über den Laptop gebeugt war Hauke damit beschäftigt, die Kosten verschiedener Personaldienstleister zu vergleichen. Plötzlich klopfte jemand leise an die geöffnete Tür.

«Nicht erschrecken!» Volker Astheimer stand vor ihm und strahlte mit seiner königsblauen Krawatte um die Wette. «Man sagt, du bist schon immer um sieben bei der Arbeit?»

«Meine Kunden stehen eben schon um halb sieben auf der Matte.»

«Dafür machen sie dann auch kurz nach drei den Abflug.

Beneidenswert.» Volker baute sich neben dem Schreibtisch auf. «Cool, was haben wir denn da?» Er schnappte sich den Schrecklichen Sven und drehte ihn im Licht der Deckenleuchte hin und her. «Leder-Harnisch auf nackter Haut», Volker kicherte, «mein Fall wäre das nicht. Aber jedem nach seinen Bedürfnissen, wie sie hier im Osten früher gesagt haben.»

«Das ist der Schreckliche Sven. Mein Jüngster hat ihn aus irgendeinem Ü-Ei gezogen. Jetzt passt er auf mich auf.»

Volker pfiff durch die Zähne. «Dann kannst du ihm sicher alles anvertrauen, was dich bewegt.»

«Klar kann ich das.» Hauke nahm ihm die Figur aus der Hand, tätschelte ihr den Bauch und hielt sie sich vor das Gesicht. «Moin, Sven, lass dich nicht von dem doofen Volker ärgern.» Er platzierte den Wikinger wieder an seinem Platz unter der Schreibtischlampe. «Hattest du eigentlich was auf dem Herzen, oder kann ich jetzt weiterarbeiten?» Hauke lachte so, wie Volker es immer tat.

«Karen hat sich überlegt, euch einzuladen. Deine Jungs könnten bei uns übernachten, für deine Frau ist im Apartment Platz genug, außerdem seid ihr zwei dann ungestört.» Volker zwinkerte ihm zu. «Abends könnten wir bei uns grillen, tagsüber einen Ausflug mit den Kindern. Schloss Ludwigslust, Kanu fahren auf der Elde oder irgendwas in der Art.»

«Hört sich nicht schlecht an, ich werd' mal mit Birgitt sprechen.» In diesem Moment ging das Telefon. Hauke schaute auf das Display. «Oh, wenn man vom Teufel spricht. Das ist sie. Klar, ist grad erste große Pause. Schaun wir mal, was sie auf dem Herzen hat. Wir sehen uns!»

Volker winkte zum Abschied stumm und schloss die Tür hinter sich. Hauke holte tief Luft und nahm den Hörer ab.

Birgitts Stimme klang belegt. «Alles in Ordnung bei dir?», fragte sie.

Schlagartig erkannte er seinen Fehler – er hatte sich gestern Abend nicht gemeldet. Und wenn er ganz ehrlich war, er hatte keine Sekunde an sie gedacht. Nicht an sie, nicht an die Kinder, nur an sich selbst. Das war unverzeihlich.

«Wir haben gestern Abend noch zusammengesessen, ist spät geworden. Da wollt' ich nicht mehr anrufen. Und heute Morgen war's eben total hektisch.»

Birgitt schien nicht wirklich überzeugt. «Na ja, 'ne SMS hätt's auch getan.»

«Stimmt, tut mir leid. Sag mal, mein Kollege Volker war grad hier und lädt uns ein.»

Hauke wiederholte Volkers Einladung mit in etwa den gleichen Worten. Birgitt versprach, es sich zu überlegen. Dann wurde es für sie Zeit, in den Unterricht zu gehen. Hauke legte den Hörer auf und massierte sich die Stirn. Das hätte nicht passieren müssen. Die Sache war nur, dass er Heimlichkeiten nicht gewohnt war. Die Vorstellung, ein Doppelleben zu führen, ließ ihn lächeln. Und dann erschrak er. Wenn Birgitt tatsächlich auf die Einladung zurückkam, dann würde sie in seinem Apartment schlafen, im gleichen Bett, in dem letzte Nacht …

Das ging gar nicht, auf keinen Fall. Falls es wirklich so weit kam, würde er sich etwas einfallen lassen müssen. Man musste eben kreativ sein, wenn es drauf ankam. Vielleicht zwei Nächte in einem Schlosshotel? Aber das würde sich beizeiten schon ergeben.

Es klopfte an der Tür, und Frau Sprung kam glucksend herein. «Herr Boie, Sie ahnen nicht, wer grad angerufen und sich über Sie beschwert hat!» Sie war einem Lachkrampf nahe.

«Über mich? Da bin ich mal gespannt.»

«Ihre Wirtin. Die ist meine Schwippcousine, müssen Sie wissen. Sie haben wohl eine Art Herrenabend in Ihrem

Apartment veranstaltet. Jedenfalls hat die Bude angeblich schwer nach Pumakäfig gestunken. Jemand hat auf dem Sofa übernachtet, und der Aschenbecher war voller Zigarrenstummel. Sie sind mir ja einer!» Frau Sprung erhob mahnend den Zeigefinger und brach wieder in Gelächter aus. «Solange Sie keinen Damenbesuch empfangen, ist ja alles gut.»

Der Ton näherte sich unaufhaltsam und schwoll in Haukes Rücken zu einem ohrenbetäubenden Dröhnen an. Es war so weit, die Langoliers hatten Parchim erreicht. Hauke schreckte hoch, er musste eingenickt sein. Im gleichen Moment erstarb das dröhnende Geräusch. Neben ihm lehnte das Fahrrad an der Bank. Er nahm allen Mut zusammen und drehte sich um.

Dort, wo Jens sonst seinen Lkw zu parken pflegte, stand so etwas wie ein olivbrauner Oldtimer mit mächtiger Motorhaube. Hinter dem gewölbten Kühlergrill knisterte es vernehmlich. Zweifellos hatte dieses Ungetüm den Lärm verursacht. Konnte der nicht woanders parken, Platz genug war da. Der kaum verdaute Schreck schlug in Zorn um. Da öffnete sich die Fahrertür, und Jens stieg aus.

«Was ist das denn?» Hauke war so verdattert, dass er jeden Gruß vergaß.

«Danke, mir geht's auch gut.» Jens setzte sich zu ihm auf die Bank.

«Ist das 'n Oldtimer?»

«Ja, isses. GAZ-69, ein Geländewagen aus sowjetischer Produktion. Über 40 Jahre alt.»

«Deiner? Ganz schön laut!»

Jens verdrehte die Augen. «Schalldämpfer is' durch, will ich gleich noch schweißen lassen.»

Hauke sah ihn verdutzt an.

«Guck nicht so enttäuscht. Komm mit, wenn du willst.»

Sie luden das Fahrrad auf die Pritsche des Russen-Jeeps. Jens startete den Motor, legte den Rückwärtsgang ein und setzte röhrend zurück. Im Auto schien es weniger laut zu sein als außerhalb des Wagens.

Jens tätschelte Haukes Knie. «Nimm es als Vertrauensbeweis, dass du mich begleiten darfst.»

«Wie hab ich mir den verdient?»

Sie bogen in die Landstraße ein.

«Unsereiner durfte mit rauf in dein schnuckeliges Hotel. Hast gar nicht drüber nachgedacht, ob das jemand mitkriegt. War dir einfach wumpe. Einwandfreie Einstellung, hast 'n Stein im Brett bei mir.»

Hauke sah zu Jens hinüber. Sein Gesicht zeigte keine Regung, er hatte das Kompliment einfach so dahingesprochen.

Am Stadtrand von Parchim röhrten sie mit dem olivbraunen Gefährt auf einen Gewerbehof und hielten vor einer lang gestreckten Halle aus Betonelementen. Die riesigen, grau lackierten Tore reichten bis an das Dach. Sie waren in der oberen Hälfte verglast, dennoch konnte man nicht hineinsehen. Der Schmutz von Jahrzehnten hatte das Glas trüb werden lassen. Sie stiegen aus, und Jens schlug mit der Faust gegen eines der Tore. Es öffnete sich; ein Mann in verwaschener blauer Latzhose und T-Shirt trat heraus. Die dunklen Haare standen ihm wirr vom Kopf. Zur Begrüßung führte er zwei Finger der rechten Hand lässig an die Stirn und wechselte ein paar Worte mit Jens. Dann wandte er sich Hauke zu und streckte ihm den behaarten Unterarm entgegen, die fettverschmierte Hand zur Faust geballt.

«Ich bin Rico, Tachschön.»

Hauke zögerte eine Sekunde, griff beherzt in die dunkle Wolle und schüttelte das Handgelenk.

Rico setzte sich ans Steuer und bugsierte den GAZ auf eine

Hebebühne. An einem daumendicken Kabel baumelte eine Fernbedienung von der Decke herab. Rico drückte einen Knopf, und der Wagen schwebte langsam empor. Gemeinsam mit Jens inspizierte er den Schalldämpfer, klopfte hier und da mit dem Griff eines Schraubendrehers gegen das rostige Metall.

Hauke trat wieder hinaus auf den Hof. Er wollte die Gelegenheit nutzen und zu Hause bei Birgitt und den Kindern anrufen. Mittlerweile war es schummrig geworden. Am Dachrand der Halle flackerten einzelne Neonröhren auf.

«Papa, Papa!» Fritzchen nahm das Gespräch an und plapperte ganz aufgeregt los. «Am Sonnabend gucken wir uns das Kaifu-Gymnasium an.»

«Wow! Das Kaifu-Gymnasium?» Hauke erinnerte sich schwach. Irgendwann musste jetzt die Informationsveranstaltung sein.

«Ja, die Schule beim Schwimmbad. Papa, warum kann ich nicht in Mamas Schule gehen?»

Langsam schritt Hauke die groben Betonplatten auf und ab, fragte hier, beschwichtigte dort. Endlich bekam er nach geraumer Zeit Birgitt an den Apparat.

«Wir freuen uns so auf dich. Und Fritz erst, der ist schon ganz durch 'n Wind wegen dieses Infotags.»

Es quietschte metallisch, und mit lautem Rumpeln schloss jemand die beiden Torflügel der Halle.

«Was war das denn?», fragte Birgitt.

«Ach, ich bin hier bei 'ner Autowerkstatt.» Es war immer die beste Alternative, bei der Wahrheit zu bleiben. Lügen konnte er ohnehin nicht, und die Erste, die das durchschauen würde, war Birgitt.

«Ist der Wagen kaputt?»

«Nein. Da ist ein Kumpel mit 'nem Oldtimer.» Der Satz

flutschte ihm einfach so heraus, vielleicht hätte er sich das Wort Kumpel besser überlegen sollen.

«Aha …» Einen Moment lang schien Birgitt nachzudenken. «Toll, dass du schon Anschluss gefunden hast.»

Ihm stieg die Wärme ins Gesicht. Unter Garantie wurde er grad rot. «Ja, find ich auch super.» Er glaubte zu stammeln und ärgerte sich darüber umso mehr.

«Na, dann will ich euch Männer nicht länger stören.»

Hauke beendete das Gespräch, hielt einen Moment inne und schaute einem großen dunklen Falter zu, wie er emsig um das weiße Licht tanzte. Er hasste es zu lügen, und die eigene Ehefrau zu belügen ging schon mal gar nicht. Andererseits, er hatte ja überhaupt nicht gelogen. Jedes seiner Worte hatte der Wahrheit entsprochen. Vielleicht nicht ganz das unbedacht ausgesprochene Wort Kumpel. Lover hätte es sicher besser getroffen. Oder dieses altmodische Wort Liebhaber. Volker Astheimer hätte die Beziehung schlicht ein Fickverhältnis genannt. Was für ein schreckliches Wort, obgleich es doch den Sachverhalt ziemlich genau traf. In diesem Verhältnis hatte Jens ihm von Anfang an eine klare Rolle zugewiesen. Schon der Gedanke daran … Hauke schüttelte den Kopf und schob das Telefon zurück in die Jacke. Es wurde Zeit, dass er sich in der Werkstatt blicken ließ. Er zerrte am Tor, konnte es aber nicht öffnen. Er klopfte erst und bollerte dann mit der Faust. Ein Stück weiter öffnete sich eine kleine Eingangstür, jemand pfiff, und er drehte sich um.

«Komm hier rein, das Tor geht von draußen nicht auf.» Ein etwa gleichaltriger Mann in olivgrüner Panzerkombi stand in der Tür und winkte. «Moin, ich bin Robert.»

Eigentlich sah man nur seine dunkelbraunen Augen, das restliche Gesicht verdeckte ein üppiger Vollbart und eine tief in die Stirn gezogene orangefarbene Strickmütze mit Jägermeister-Logo. Er dehnte die Vokale, was gar nicht mecklenburgisch, sondern eher holsteinisch klang. Hauke folgte ihm in die Halle. In der Ecke blitzte blaues Licht. Offenbar schweißten Jens und Rico am Auspufftopf.

«Da kannste jetzt nicht hin», sagte Robert, «aber ich brauch eh grad jemand, der mir zur Hand geht.»

Hauke folgte ihm zu einem dunkelgrünen Lada Niva, der ohne Sitze dastand.

Robert deutete auf zwei einzelne Autositze. «Recaros mit Sitzheizung, in der E-Bucht geschossen. Hab fast 'ne Woche an den Einbaukonsolen rumgefrickelt. Jetzt passt's, und der große Moment ist nahe.»

Hauke hockte sich wie angewiesen in den leeren Wagen und richtete die Sitze in den Konsolen aus, während Robert die Schrauben eindrehte und mit einer Knarre festzog.

«Du hörst dich aber nicht wie 'n Mecklenburger an», sagte Hauke.

«Du aber auch nicht», Robert feixte, «ick bün ut Dithmarschen. Und du? Hamborg?»

«Nee, Wesselburen.»

«Albersdorf! Tscha, de Meckelnbörgers snackt keen Platt mehr. Was treibst du hier in Parchim?»

«Arbeiten, bei Lewitz-Haus.»

«Holla die Waldfee!», rief Robert und zog die letzte Schraube am Fahrersitz fest. «Ich glaube, wir müssen uns mal unterhalten.»

«Wieso das?» Hauke lachte und nahm den Beifahrersitz in Empfang. «Arbeitest du auch bei uns?»

«Nee, tu ich nicht. Bisschen mehr nach hinten kippen. Ja, genau so!» Robert drehte die beiden vorderen Schrauben in die Konsole. «Stört es dich nicht, dass ihr keinen Betriebsrat habt? Wie viele Leute seid ihr überhaupt?»

«Doch, es stört mich auch.» Hauke ließ versehentlich den Sitz los, der in der Schiene nach hinten rutschte. «156 Mann sind wir.»

Robert pfiff durch die Zähne und hörte für einen Moment auf, die Ratsche zu bewegen. «Mehr, als ich dachte. Mal angenommen, wir würden zu einer Betriebsversammlung einladen. Du könntest für den Wahlvorstand kandidieren. Es gibt da noch ein paar Kollegen bei euch, die würden mitziehen.» Er sah ihn mit großen braunen Augen an.

«Jetzt wird's konspirativ.» Hauke gluckste und schüttelte den Kopf. «Tut mir leid, das geht beim besten Willen nicht.»

Robert zuckte die Achseln und drehte wieder die Ratsche. «Hast Schiss wegen Probezeit und so?»

«Nein, keinen Schiss.» Hauke hörte auf zu lachen und wurde ernst. «Der Personalchef kann beim besten Willen nicht für den Wahlvorstand kandidieren.»

Die Ratsche rutschte ab, und Robert kratzte sich unter der Mütze. «Du bist ...»

Hauke nickte. «Ja, Hauke Boie, Leiter Human Resources bei Lewitz-Haus. Und du?»

Robert fummelte den Sechskant wieder in die Inbusschraube hinein. «Robert Ofspraak, Industriegewerkschaft Bauen-Agrar-Umwelt, Schwerin.» Er drehte die Schraube fest. «Ich glaube, wir sollten mal miteinander reden. Vielleicht am Wochenende. Jens nimmt dich sicher mit!?»

Hauke hatte keine Ahnung, worum es ging, tat aber, als wüsste er Bescheid. «Klar doch.»

Im anderen Teil der Halle waren die Schweißarbeiten abgeschlossen. Der Motor lief wieder mit normaler Lautstärke. Rico öffnete das Tor, und Jens fuhr den Wagen hinaus. Zum Abschied gab Hauke Robert noch rasch die Hand, dann stieg er ein, und sie fuhren vom Hof.

«Robert hat gefragt, ob ich am Wochenende dabei bin.»

«Oh, oh, man lässt dich ein paar Minuten allein, und ihr seid schon ganz dicke.»

Jens legte ihm die Hand aufs Knie, und Hauke wurde augenblicklich hart.

«Er ist auch Dithmarscher. Außerdem weiß ich doch gar nicht, worum's geht.»

Jens zuckte die Achseln. «Unser jährliches Treffen für Ost-Geländewagen. Deshalb musste mein Schätzchen auch unbedingt noch gemacht werden.» Er zog die Hand vom Knie und streichelte das Lenkrad. «Aber du bist am Wochenende eh immer in Hamburg.»

Hauke streckte die Beine aus. «Würdest du mich denn dabeihaben wollen?» Er rieb die Nase, obwohl sich dort gar kein Pickel entwickelte. «Mist, ausgerechnet dieses Wochenende hat Fritzchen …»

Jens legte die Hand zurück auf Haukes Knie. «Kein Problem. Hast eben Verpflichtungen als Familienvater.»

«Sag das nicht mit diesem Unterton.»

«Da ist kein Unterton. Es ist, wie es ist. Du bist ein Schiff auf hoher See, das sich gern mal von einem kräftigen Sturm so richtig durchschaukeln lässt. Umso freudiger kehrst du anschließend in den sicheren Hafen der Ehe zurück.»

Sie kreuzten schon den Moltkeplatz, das Hotel war nicht mehr weit. Hauke fiel beim besten Willen keine vernünftige Antwort ein.

Jens hielt vor dem Hotel, stoppte den Motor und schaute zu ihm herüber. «Überleg dir, ob du für ein unbequemes Zeltwochenende tatsächlich deine Familie im Stich lässt. Isomatte und Schlafsack finden sich dann schon.»

Hauke sah ihn an und nickte. «Kommst du noch mit hoch?»

«Heute nicht.»

14

Auf dem Weg zum Gymnasium stürmten die beiden Jungs noch vorweg; Hauke und Birgitt folgten Arm in Arm. Kaum kam der Schulbau am Kaiser-Friedrich-Ufer in Sichtweite, umklammerte der kleine Fritz Papas Hand. Hauke drückte die Tür auf und wartete, bis Birgitt und Georg ebenfalls eingetreten waren.

Drinnen tobte schon das Leben. Es dauerte keine Minute, und Fritzchen begrüßte die ersten Klassenkameraden aus der Grundschule. Im Nu war Papa vergessen. Super-Mario war auch da und streckte Hauke die Hand entgegen. Gemeinsam studierten sie das Programm, das auf einem großen handgemalten Plakat ausgehängt war. Die Wanduhr unter der Decke zeigte auf neun. Fritz hatte die Wahl zwischen einer Probestunde Französisch oder Mathematik. Ohne zu zögern, entschied er sich für Mathe. Über Treppen und Gänge irrten sie durch das Gebäude; natürlich kannte Birgitt viele Mütter aus der Grundschule und dem Kindergarten, die sie begrüßen musste. Mit Verspätung kamen sie beim Klassenraum an. Der Probeunterricht hatte schon begonnen. Zaghaft schob Fritzchen sich auf den letzten freien Stuhl. Die Eltern und Geschwister standen an den Wänden und schauten zu. Der Lehrer war zwar jenseits der 50, bot aber eine unterhaltsame, mit anschaulichen Geschichtchen angereicherte Präsentation. An so einen Matheunterricht konnte Hauke sich nicht erinnern. Er schaute zur Uhr, gleich zehn.

Kaum war der Unterricht beendet, strömten sie mit den Kindern zur Cafeteria und standen dort vor grasgrün gestrichenen Wänden nach selbst gebackenem Kuchen an. Es war 10:20 Uhr.

«Warum schaust du eigentlich andauernd zur Uhr? Hast du noch was vor?», flüsterte Birgitt.

«Nachher», antwortete Hauke, ebenso flüsternd.

Einstweilen stellte er seinen Kuchenteller neben den von Super-Mario, der den Rosinenpuffer lobte. Dann fachsimpelten sie über Wasserpistolen und Schwebeteilchen in Schmutzwasser, die deren Spritzdüsen verstopfen. Plötzlich tippte Birgitt über den Tisch hinweg gegen seinen Arm. Er sah auf, und Mario verstummte. Birgitt und eine andere Mutter schauten ihn an.

«Schatz, Andrea fragt, ob wir nicht heute Abend zum Raclette vorbeikommen wollen.»

Hauke schaute zur Uhr, beinahe elf. «Du, ich wollte es dir schonend beibringen …»

Birgitt kräuselte die Stirn.

«… aber ich muss noch mal los.»

Birgitt schnappte nach Luft.

«Ich guck mal, ob's hier 'n Klo gibt», sagte Mario und erhob sich.

«Es ist, weil …», Hauke geriet ins Stottern, Hitze stieg ihm zu Kopf. Wie sollte er die Sache nur begründen? «Also mein Kumpel mit dem Oldtimer-Geländewagen, sie machen ein Treffen.»

«Na und?»

«Ich, ich – ich möchte da gern hin.» Hauke hasste sich wegen dieser Halbwahrheit.

Birgitt verzog den Mund. «Na, wenn dir da so viel dran liegt. Die gammelige Jacke hast du ja auch schon reaktiviert.»

Andrea lachte und schüttelte ihren Wuschelkopf. «Ja, ja, Männer und ihre Spielzeuge!»

Der Offroad-Park lag im Schatten eines grauen ehemaligen Kasernengebäudes. In seinem Audi fühlte sich Hauke zwischen den ganzen Geländefahrzeugen mit ihren übergroßen Reifen ein wenig bedrängt. Er hätte nicht gedacht, dass hier wegen ein paar Oldtimerfahrzeugen so viel los war. Er parkte den Wagen, tauschte die Sneakers gegen seine alten Bundeswehrstiefel und zog sich die *Guns N' Roses*-Jacke über. So gerüstet machte er sich zu Fuß auf den Weg. Das olivbraune Ungetüm von Jens konnte wohl kaum zu übersehen sein.

«Hallo Herr Boie, gar nicht in Hamburg? Was treibt Sie hierher?» Uwe Herrmanns kam freudestrahlend auf ihn zu. «Wollen Sie sich 'nen Offroader zulegen? Ganz praktisch hier bei uns in der Pampa.»

Er trug nicht nur das beige Canvashemd, sondern auch noch die passende Arbeitshose. Obendrein war er unrasiert.

Demonstrativ schaute Hauke sich suchend um. «Soweit ich weiß, soll hier ein Treffen für Ostblock-Geländefahrzeuge sein.» Tatsächlich flatterten um sie herum nur bunte Fahnen, und Ausstellungsfahrzeuge blitzten in der Sonne.

«Ach so. Dies hier ist 'ne Promo-Veranstaltung der Firma 4x4 Factory. Die machen so Edelzubehör.» Dann nahm sein Gesicht einen spöttischen Ausdruck an. «An Ihrer Stelle würde ich mal dahinten bei den Bunkern gucken. Die Leutchen tarnen sich gern. Da glänzt kein Chrom. Ganz wie früher. Ein Strich - kein Strich, wenn Sie verstehen.» Herrmanns lachte.

Hauke verstand nicht, bedankte sich aber für den Tipp und stapfte los. Die Arbeitskleidung von Lewitz anzuziehen wäre keine dumme Idee gewesen, ein bisschen Werbung obendrein. Die Lederjacke saß ein wenig knapp, aber es war ein gutes Gefühl, sie mal wieder zu tragen nach all den Jahren. Zum Glück hatte er gestern auf dem Dachboden auch die Stiefel gefunden.

Von wegen getarnt. Schon von Weitem erkannte er die neongelbe Jacke. Am liebsten hätte er gewunken oder wäre losgelaufen. Aber wie peinlich wäre das denn?

Es waren nicht mehr als ein Dutzend Fahrzeuge, die zusammen mit den Zelten vor ein paar Erdbunkern platziert waren. Beim Näherkommen stellte er zu seiner Enttäuschung fest, dass in der gelben Jacke nicht Jens steckte. Dann aber fiel ihm Roberts Jägermeister-Mütze auf. Dazu trug er die olivgrüne Panzerkombi wie neulich in der Werkstatt.

«Hey Landsmann, ich hatte dich schon gestern Abend erwartet.» Er umarmte ihn zur Begrüßung. «Kann es sein, dass Jens nicht mit dir rechnet?»

Hauke lächelte verlegen. «Sollte 'ne Überraschung sein.»

«Hast Glück, wir machen grad Kaffeepause. Anschließend zeigen wir den Gentlemen da drüben, wo hier im Gelände der Hammer hängt.» Er trat an ein grünes Kuppelzelt heran, aus dem zwei Beine in Arbeitsstiefeln herausschauten, und flüsterte. «Psst, ich glaub, er ist am Ratzen. Spät geworden letzte Nacht.» Tatsächlich hörte man leises Schnarchen. Robert kicherte und schrie dann: «Ey, Jens, zieh den Finger ausm Po! Besuch für dich.»

Die Arbeitsstiefel verschwanden, Jens robbte bäuchlings aus dem Zelt und rappelte sich auf. Mit dem verwirrten Gesichtsausdruck des im Schlaf Überraschten sah er Hauke an.

«Was willst du denn hier?» Er räusperte sich und spuckte auf den Rasen.

«Na, das nenn ich mal 'ne Begrüßung!» Robert lachte übertrieben und boxte Jens gegen die Brust.

Hauke schluckte. Er wusste nicht, was er sagen sollte.

«Schlafsack hab ich jetzt aber nicht für dich.» Jens reckte die Arme.

Derweil lachte Robert unentwegt. «Ach, das findet sich schon irgendwie.»

«Hab ich alles dabei, drüben im Wagen.» Hauke sprach halblaut und schaute zu Boden. Er hatte einen anderen Empfang erwartet.

«So, ihr Klappspaten, dann holen wir mal Haukes Geraffel aus dem Auto.» Robert schlug sich mit beiden Händen auf die Oberschenkel. «Und vorher gucken wir noch bei den Bonzenschleudern vorbei. Ich wollt mir schon immer 'n paar Edelstahlbügel an die Karre schrauben.»

Robert schritt voran, Hauke und Jens schlurften schweigend hinter ihm her. Oben am Parkplatz schlichen sie staunend um einen Toyota FJ Cruiser herum. Robert fing an, über Einparkhilfe und Multifunktionsbildschirm zu lästern. Die Stimmung lockerte sich. Hauke schielte durch ein Seitenfenster in den Wagen hinein, während die beiden anderen unter dem Wagen herumkrochen. Plötzlich stand Uwe Herrmanns wieder lächelnd neben ihm.

«Ich sehe, Sie haben Ihre Freunde gefunden, Herr Boie.» Er sprach mit seiner leisen, für einen Mann seiner Statur etwas zu hohen Stimme.

«Vielen Dank noch mal für den Tipp.» Hauke lachte. «Aber Sie müssen mir bei Gelegenheit noch erklären, was ein Strich - kein Strich bedeutet.»

Jens tauchte unter dem Wagen auf. «Man sieht mich, man sieht mich nicht. Schon mal was von Strichtarn gehört?»

Das Lächeln in Herrmanns' Gesicht erstarb. Die beiden musterten sich wie alte Feinde.

«Tachschön», sagte Herrmanns tonlos.

Jens sah ihn nur an, zog die Zigarillos aus der Jacke und zündete eine an.

Nun kroch auch Robert wieder unter dem Wagen hervor. Er sah in die Runde und kratzte sich am Kopf. «Is' euch schon wieder 'ne Laus über die Leber gehumpelt?»

«Ich geh dann mal lieber», sagte Herrmanns und gab Hauke die Hand. «Tschüss, Herr Boie.» Anschließend wandte er sich Jens zu und deutete mit der rechten Hand einen militärischen Gruß an. Ohne darauf zu reagieren, blies Jens einen Tabakkrümel von der Zunge. Herrmanns drehte sich um und ging.

Die Stimmung blieb frostig. Hauke traute sich nicht, nach dem Hintergrund zu fragen, zumal Jens offenkundig nicht wirklich gut drauf war. Stumm folgten ihm die beiden zum Audi, wo er sich den Zampelbüdel über den Rücken warf und die Isomatte unter den Arm klemmte. Robert nahm den Schlafsack. Den Rückweg legten sie im Gänsemarsch zurück. Hauke ging voran, unmittelbar danach folgte Robert, und Jens stapfte mit ein paar Metern Abstand hinterdrein.

Ohne zu fragen, öffnete Hauke den Reißverschluss zum Zelt, schob seine Ausrüstung hinein und kroch hinterher. Die Isomatte von Jens rückte er ein wenig beiseite und legte seine daneben. Kaum hatte er den Schlafsack ausgebreitet, glitt auch Jens in das Zelt. Es ging alles ganz schnell. Hauke fühlte sich auf den Rücken gedreht, und schon lag Jens auf ihm. Hauke schlang Arme und Beine um den Kerl und presste ihn an sich.

Es war wohl das Beste, wenn er jetzt nichts sagte.

Der Geruch von Grillanzünder lag in der Luft. Zwischen den Erdbunkern prasselte ein kleines Feuer aus trockenen Zweigen, in das Robert grad die ersten Holzscheite geworfen hatte. Hauke sah ihm einen Moment aus der Ferne zu, nahm einen der Campingstühle von der Pritsche des GAZ und setzte sich neben das Lagerfeuer, das jetzt richtig aufloderte.

«Pass mal 'n Moment auf das Feuer auf», bat Robert.

Hauke zündete sich eine Sprachlos an und schaute in die Flammen, während Robert in der Dunkelheit verschwand. Jetzt war er froh, noch gekommen zu sein, wenn es auch eine ganz schöne Hetzerei über die Autobahn gewesen war. Normalerweise würden Birgitt und er jetzt irgendwo in der Eimsbütteler Altbauwohnung eines ihm gänzlich unbekannten Lehrer-Ehepaares sitzen und sich mit ihnen über Erziehungsfragen austauschen. Nein, da war er schon lieber hier, auch wenn Jens offenbar angeätzt war. Warum auch immer.

«Überraschung!» Robert war zurück, in seinem Arm klirrten ein paar Flaschen. «Bitte sehr, der Herr!»

«Dithmarscher Pilsener, wo hast du das denn her?!»

«Aus dem Westen!»

Robert kicherte und setzte sich neben ihn. Gleichzeitig ließen sie die Flaschenbügel ploppen und nahmen einen kräftigen Schluck.

«Ich glaub, er hat sich gefreut, dass du gekommen bist.»

«Das hörte sich aber gar nicht so an.»

Einen Augenblick lang starrten sie beide ins Feuer.

«Er hat dich ja erst vor ein paar Wochen aufgegabelt, seitdem ist er wie verwandelt. Gib ihm 'n büschen Zeit, ist 'n feiner Kerl.»

Hauke räusperte sich. «Kennst du ihn schon länger? Hattet ihr … Ich meine, seid ihr befreundet gewesen?»

Robert lachte. «Keine Sorge, ich bin nicht schwul. Aber dein Jens, ich hab selten jemanden mit so einer Aufrichtigkeit erlebt. Vielleicht übertreibt er es manchmal ein wenig. Er sagt einem auch auf den Kopf zu, dass er andersrum ist. Oder, wie er sich ausdrückt, dass er Sex mit Kerlen hat. Jens sagt immer, was er denkt.»

«Wenn er denn mal was sagt.» Hauke nahm einen Schluck Bier. «Er ist ja eher der Stummfisch, ich weiß dann echt nicht, woran ich bin.»

«Darüber hat sich bei mir noch nie jemand beklagt.» Robert kicherte und legte Nachschub in das Feuer, das sofort aufloderte.

Das Bier schmeckte nach Heimat, und Hauke klappte den Bügel des Verschlusses herunter, um die vertraute Würze ein wenig zu konservieren. Die Flammen bemächtigten sich der neuen Scheite und fraßen sich in das Holz. Er schaute in das gelbe Farbenspiel. Sein letztes Dithmarscher Pilsener lag schon geraume Zeit zurück.

Eines Tages hatte das Telefon geklingelt, und Steffen war dran gewesen. Seit dem Abend auf dem Eidersperrwerk hatten sie einander nicht mehr gesehen. Im Anschluss an eine Ausbildung zum Physiotherapeuten war er nach Hamburg gezogen und hatte Hauke eingeladen, ihn in seiner neuen Wohnung zu besuchen. Als Gastgeschenk hatte Hauke ein Sixpack Dithmarscher Pilsener mitgebracht.

Es beeindruckte ihn, wie Steffen in der geöffneten Wohnungstür stand und ihm die Hand zur Begrüßung entgegenstreckte. Das war nicht mehr der magere Junge von einst. Er sah nach regelmäßigen Besuchen im Fitnessstudio aus. Bei Kerzenschein saßen sie einander gegenüber. Im Hintergrund lief *Bronski Beat*.

«Auf Dithmarschen!» Hauke ließ es ploppen.

«Auf Dithmarschen, und dass ich nie wieder hinmuss.» Steffens Oberkörper straffte sich.

«Hast du die Einladung gekriegt? Zehn Jahre *Abi 96*?»

Steffen schüttelte den Kopf, und seine Augen funkelten. «Ich hab darum gebeten, mich aus dem Verteiler zu nehmen. Sie wollten in der Schulzeit nichts von mir, nun will ich nichts mehr von ihnen.»

«Schade, eigentlich.» Hauke nahm einen Schluck. «Erinnerst du dich an den Abend auf dem Eidersperrwerk?»

«Klar doch. Das war der Tag, an dem ich erst wirklich begonnen habe zu leben. An jenem Tag wurde ich, entschuldige die hochtrabende Ausdrucksweise, in die sexuelle Selbstbestimmung entlassen.» Steffen streckte sich in seinem Sessel. «Darf ich dir was gestehen?» Er sah Hauke um die Kerze herum an.

«Klar doch.»

«Ich hatte damals Angst um dich. Du hast den totalen Schnitt gemacht, Haare ab, und dich bei diesen Bundeswehr-Heinis verpflichtet. Bist freiwillig zu diesen verkorksten Machos und Spießern gegangen. Dabei warst du irgendwie so nachdenklich und verletzlich, hast dich unter der rauen Heavy-Metal-Schale bloß versteckt.»

Hauke dachte plötzlich an Digger und lachte laut auf. Der ein Spießer? Unsinn! Reihenweise hatte der die Chicas klargemacht. Aber er wollte Steffen nicht widersprechen. Er langte nach einer weiteren Flasche und öffnete sie lässig mit dem rechten Daumen. Wenn er beim Bund was gelernt hatte, dann das. Es ploppte vernehmlich, und der Bügelverschluss klirrte am Glas.

Statt zu trinken, betrachtete er den Schaum, der nach oben stieg. «Wieso denn verletzlich, nur weil ich dies verdammte Pickelgesicht hatte?» Hauke war urplötzlich mächtig stolz auf sich. Die Pickel spielten seither keine Rolle mehr. Er nahm einen kräftigen Schluck.

«Hast du eigentlich nie bemerkt, dass ich damals bis über

beide Ohren in dich verknallt war? Ich habe mir gewünscht, wenn ich endlich einen richtigen Freund finde, dann soll er so sein wie du. Vielleicht nicht so ein verdammter Militarist, aber sonst ...»

Hauke lag wach und lauschte in die Nacht. Jenseits der Zeltbahn tanzten die Mücken. In der Ferne kläffte hin und wieder ein Hund. Draußen ging ein Reißverschluss. Jemand schlurfte durch das Gras, Flüssigkeit prasselte auf den Erdboden. Jens schnarchte leise und hielt ihn im Arm. Das winzige Kuppelzelt roch bis in den letzten Winkel nach Tabak. Selbst Hauke hatte den Geruch schon angenommen. Nur die zusammengerollte *Guns N' Roses*-Jacke unter seinem Kopf müffelte noch nach Dachboden. Ausgerechnet der modrige Geruch erinnerte ihn an zu Hause. Entschlossen rückte er näher an den Freund heran, um dessen Wärme zu spüren. Wie gut, dass er gekommen war.

Jens musste aufgewacht sein. Finger glitten über Haukes Gesicht, strichen über seine Lider und kraulten das Haar.

Er seufzte leise und flüsterte ins Dunkel hinein. «Bei dir in Lübz sind Wohnungen zu vermieten. Ich hab das Plakat gesehen.»

Jens flüsterte kaum hörbar in sein Ohr. «Und? Jemand in deiner Position kauft ein Haus ... für die Familie.»

«Wir könnten uns jeden Abend sehen und morgens zusammen laufen. Du trainierst mich. An deinen Ausbilderqualitäten zweifle ich nicht.» Hauke gluckste leise und stellte sich vor, wie sie gemeinsam aßen, das Bett teilten und die Elde entlangliefen.

«Wo bleiben deine Frau und die Kinder?»

«Die besuch ich am Wochenende in Hamburg. Nach Parchim ziehen die eh nicht. Das war von Anfang an klar. Nur in der Firma weiß das keiner. Für mich war der Job nur als Karriereschritt wichtig.»

«Hm, ist klar, als Karriereschritt. Und was ist mit mir?»

«Sagte ich doch, wir könnten uns die Woche über jeden Abend ...»

«Ich meine, wenn du dann den nächsten Karriereschritt tust. In Hamburg oder sonst wo.»

«Ja, aber ...»

Jens rollte sich auf ihn und schob ihm die Zunge in den Mund. Sein Bart bürstete Haukes Gesicht. «Schon okay so. Besser, wenn keine Liebe ins Spiel kommt.»

15

Hauke klopfte an die offene Tür und trat in Uwe Herrmanns' Büro. Herrmanns hatte um das Gespräch gebeten, und er wusste nicht, warum. Eine vage Vermutung sagte ihm, es könnte mit der Begegnung am Wochenende zu tun haben. Der massige Mann sprang wie gewohnt sofort auf und kam ihm entgegen. Er war wieder frisch rasiert, und Hauke schien, sein Gesicht wäre noch stärker gerötet als sonst. Sie schüttelten einander die Hand und setzten sich an den kleinen Besprechungstisch.

«Haben Sie sich am Wochenende gut amüsiert da draußen im Gelände?»

Hauke nickte, als sei das selbstverständlich. Wenn Herrmanns nur endlich zur Sache käme.

«Wie ich sehe, haben Sie mir das mit dem Hemd nachgemacht.»

«Ist einfach praktischer», erwiderte Hauke. «Und obendrein sendet es die richtigen Signale an die Mitarbeiter.»

«Na, da bin ich froh, dass wir in der Beziehung einer Meinung sind.» Herrmanns nickte zustimmend und krempelte die Hemdsärmel hoch. «Sehen Sie, hier auf dem Land ist es anders als in Hamburg oder Berlin, man kennt sich. Und manche Dinge bleiben nicht verborgen, auch wenn sie nicht ausgesprochen werden.»

Ging es um seine Beziehung zu Jens? Hauke erschrak, bemühte sich aber um ein Lächeln. «Ich bin aus Dithmarschen, nicht aus Hamburg.» Wenn die beiden sich kannten, dann wusste er auch, dass Jens ... Was, wenn die beiden ...

«Sehen Sie, dann wissen Sie ja, was ich meine.» Herrmanns kratzte sich den kräftigen Nacken. «Manchmal wird auch über Dinge geredet, die sich bei näherer Betrachtung gänzlich anders darstellen.»

«Das ist wohl wahr.» Hauke wurde nicht schlau aus ihm. Ob er ein Verhältnis mit Jens gehabt hatte? Oder wollte er signalisieren, dass dem nicht so war? Am besten wäre es, wenn er die Spur zu Jens verwischte. «Tatsächlich hatte ich an diesem Tag informelle Gespräche mit Herrn Ofspraak, und Sie müssen zugeben, der Rahmen war dafür bestens geeignet.»

Herrmanns kräuselte die Stirn und rang einen Moment lang nach Worten. «Helfen Sie mir mal auf die Sprünge, welcher Herr Ofspraak?»

«Der Kollege in der Panzerkombi, Nato-Oliv, Sie erinnern sich vielleicht.» Hauke fühlte sich wieder etwas sicherer. «Ein Gewerkschaftsmann, IG Bau. Ist immer gut, wenn man da seine Fühler ausstreckt. Rechtzeitig, bevor sie hier bei uns einen Wahlvorstand einsetzen lassen.»

Herrmanns schaute ihn mit offenem Mund an und fuhr sich mit der Hand über den Nacken. Er benötigte ein paar Sekunden, bis er sich gefangen hatte. «Wenn das so ist ... ich meine ... dann will ich nichts gesagt haben.»

Der Schreckliche Sven war ein guter Zuhörer. Er verfiel niemals in Spott oder Sarkasmus. Je nachdem, aus welcher Richtung man ihn ansah, schaute er lächelnd, grimmig oder mitfühlend zurück.

Hey Sven, wenn ich nur wüsste, was Herrmanns von mir wollte. Wie es aussieht, kennt er Jens, und die beiden sind sich nicht grün. Und ich, ich steck dazwischen, ohne zu wissen, was da läuft. Robert kannte er jedenfalls nicht; das hat ihn aus dem Konzept gebracht, eindeutig.

Wegen Georg musst du dir keine Sorgen machen. Meine Familie lass ich nicht im Stich. Ich kümmere mich um die Jungs. Es ist nur … Ich verrate dir jetzt mal was: Beim Sex mit Birgitt, oder wie du es wahrscheinlich nennen würdest, wenn ich sie ficke, dann ist mein Kopf voller Bilder. Geile Bilder, wenn du verstehst. Manchmal stelle ich mir vor, Olaf zu sein. Du kennst ihn nicht. Er ist groß, stark, älter. Ihr ähnelt euch übrigens ein wenig. Dann ficke ich sie, und es ist großartig, wenn sie kommt.

Mit Jens, also mit ihm ist das anders, vollkommen anders. Mit Jens ist mein Kopf völlig leer. Quatsch, was rede ich. Nicht leer, nur keine Bilder und so. Dann bin ich ganz auf den Moment fokussiert. Ich meine, es zählt nur noch der Moment. Wo ich ihn fühle, schmecke, rieche. Es tut weh, wenn er in mich … du weißt, was ich meine, und … Scheiße, ja, ich kann's kaum abwarten, dass er es wieder tut. Ich kann mir nicht vorstellen, ohne ihn … Ich wüsste nicht, wie ich dann leben sollte.

Ach Sven, was labere ich für dummes Zeug. Wenigstens habe ich dich. Mit den andern kann man ja nicht vernünftig reden.

Zum Dank rüttelte er ein wenig an den Hörnern des Helms und stellte ihn zurück an seinen Platz.

Hauke erhob sich aus dem Stuhl und rollte die Schultern. Für einen Moment verharrte er, sah zum Fenster hinaus und ließ den Blick in die Ferne schweifen, entspannte Augen und Körper. Er dachte an Birgitt. Niemand auf der Welt hatte ihm je so nahegestanden. Er hatte kein Recht, ihr wehzutun.

In seiner Hosentasche klingelte das Handy. Der Klingelton signalisierte eine unbekannte Nummer.

«Hier ist Robert Ofspraak, spreche ich mit Hauke Boie?»

«Moin, Robert, warum so förmlich?»

«Hab die Nummer von Jens. Kannst du reden? Da is' 'n

Ding auf mei'm Tisch, das könnte dich interessieren. Es geht um Zeitarbeit und Leute, die sich daran …»

«Die Gewerkschaft lässt grüßen. Na, das musste ja so kommen.» Hauke rollte mit den Augen.

«Vielleicht bereichert sich jemand auf Kosten der Firma. Das darf dir letztlich nicht egal sein.»

Unten enterten die drei Raucherkollegen den Unterstand, und Hauke verspürte den Wunsch nach einer Sprachlos. «Natürlich nicht, schieß los.»

«Nicht am Telefon. Können wir uns nach Feierabend irgendwo treffen? Wenn's irgend geht, in meiner Nähe. Kannst du nach Schwerin kommen?» Robert schlug ein McDonald's Restaurant an der B106 vor. Dort könnten sie sich ins Auto setzen und ungestört reden.

Während sie noch sprachen, klingelte das Festnetztelefon, auf dem Display die heimische Nummer. Birgitt.

«Du, ich hab 'n Gespräch auf der anderen Leitung. Wir sehen uns dann um halb sieben?»

Hauke schob das Handy zurück in die Hosentasche, seufzte tief und griff nach dem Hörer.

Birgitt klang seltsam belustigt. «Stell dir vor, ich hab grad 'nen Anruf aus Parchim gekriegt.»

Konnte es so schnell gehen, dass hier alles außer Kontrolle geriet? Er sank wieder auf den Stuhl und bemühte sich, gleichmäßig zu atmen. Es dauerte einen Moment, bis er endlich verstand.

Karen Astheimer gierte so sehr nach Kontakten, dass sie Volker angestiftet hatte, Haukes Hamburger Telefonnummer herauszufinden. Soeben hatte sie angerufen und Birgitt ihr Herz ausgeschüttet. Wann sie denn mal nach Parchim zu Besuch kämen, wann sie ein Grundstück aussuchten, wann sie herzögen. Leider war sie an die Falsche geraten. Wenn Birgitt etwas hasste, waren es gelangweilte Geschlechtsgenossinnen, deren Lebensinhalt aus Kindererziehung und Haushalt bestand.

«Stell dir vor, sie trocknet Rosensträuße!» Am anderen Ende der Leitung prustete Birgitt los.

Hauke beruhigte sich nach und nach. Er lächelte in sich hinein. Es war nichts passiert. Birgitt plante keinen Besuch in seiner neuen Heimat. Nur gute Nachrichten.

«Schatz, wegen Sonnabend, es tut mir leid, wenn ich sauer war. Es war super von dir, dass du extra wegen dem Infotag nach Hamburg gekommen bist. Ich war eben nur ein bisschen überrascht.»

«Hey, mein Fehler. Ich hätte es früher sagen sollen.»

«Trotzdem, du darfst auch mal deinen Spaß haben. Hast du dir verdient.»

Hauke schickte noch einen Kuss in die Leitung und legte den Hörer wieder auf. Von der Schreibtischleuchte traf ihn Svens strafender Blick.

Ich weiß, was du jetzt sagen willst, und du hast recht. Ach, Sven …

Auf dem Weg nach Schwerin verfluchte Hauke die Verabredung. Hätte er geahnt, dass er 50 Kilometer weit fahren musste, dann hätte er sich lieber mit Jens am Flugplatz getroffen. Er war spät dran, und die Geschwindigkeitsbegrenzung auf der Schweriner Umgehungsstraße machte die Sache nicht besser. Das Restaurant fand sich am Rande eines riesigen Einkaufszentrums. Der Lada war nicht zu übersehen; er parkte direkt daneben. Statt der Panzerkombi trug Robert Zivil: Tweedsakko, Cordhose und Strickkrawatte. Ohne die Jägermeister-Mütze offenbarte sich zum ersten Mal eine üppige Lockenpracht. Dann stieg eine weitere Person aus dem

Geländewagen. Was sollte das jetzt bedeuten? Er war ohnehin schon schlecht gelaunt. Ein obskures Treffen unter quasi konspirativen Bedingungen, und dann erschien Robert in Begleitung einer unbekannten Person, das ging gar nicht.

«Moin, Robert. Hast du Verstärkung mitgebracht?»

«Ich wollt' dich vorwarnen, aber du hattest ja am Telefon keine Zeit. Das ist Philipp. Er studiert Politologie.»

Auch das noch, dachte Hauke. Ein Grund mehr, sich unwohl zu fühlen. Der junge Mann trug ein schwarzes Kapuzenshirt und hatte die blonden Haare zu einem Pferdeschwanz gebunden. Hauke gab ihm flüchtig die Hand und zwang sich zu einem Lächeln. Dann zückte er kurz entschlossen sein Portemonnaie und drückte ihm einen Zehn-Euro-Schein in die Hand.

«Hol uns doch mal jedem einen Kaffee und so was wie Kuchen.»

Der Pferdeschwanz sah zuerst ihn, dann Robert verblüfft an. Als Robert nickte, zog er ohne weiteren Protest los.

«Ich dachte, das wird ein Vier-Augen-Gespräch!»

«Ich habe dich eingeladen, damit du dir anhörst, was Philipp zu sagen hat. Der Junge ist gut. Seine Arbeit wird von der Böckler-Stiftung finanziert.»

Der Student kehrte mit zwei Papiertüten zurück. Sie setzten sich alle in den Audi, der Student auf den Beifahrersitz, Robert auf die Rückbank. Jeder bekam einen Pappbecher mit Cappuccino und einen Blaubeer-Muffin.

«Also wie gesagt, der junge Kollege arbeitet an seiner Master-Arbeit.» Robert schlürfte an seinem Kaffee. «Am besten erklärt dir Philipp selbst, worum es da geht.»

Der Pferdeschwanz stellte seinen Pappbecher routiniert in eine der Getränkehalterungen. «Ich arbeite über die sozialpolitischen Auswirkungen der Arbeitnehmerüberlassung im

Beitrittsgebiet am Beispiel von Mecklenburg-Vorpommern.» Er schaute Hauke und Robert abwartend an. «Allgemein verständlich ausgedrückt geht es um Leiharbeit. Zeitarbeitnehmer.»

Hauke atmete tief durch. «Leute, machen wir es kurz und schmerzlos. Ihr wollt mich doch nicht allen Ernstes bequatschen, auf Zeitarbeiter zu verzichten. Das könnt ihr vergessen.»

Der Pferdeschwanz holte tief Luft und lief rot an. Von hinten legte ihm Robert die Hand auf die Schulter.

«Jetzt kommen wir alle mal ganz schnell wieder runter.» Robert beugte sich zwischen den Sitzen nach vorn. «Keiner will dich bequatschen. Der Kollege Philipp hat da was Merkwürdiges herausgefunden. Hör ihm doch einfach mal zu.»

Der Pferdeschwanz beruhigte sich und zog alle Register des eloquenten Politologiestudenten. «Ich hab mir die Lewitz-Haus GmbH beispielhaft näher angesehen. Sie ist einer der größeren, wenn nicht der größte Arbeitgeber vor Ort, und ich ... also ich hab auch ein paar Kontakte.»

Hauke setzte seinen Kaffee ab und atmete tief durch. Nein, er würde vorerst nur zuhören.

«Bei der Lewitz-Haus arbeiten Sie mit mindestens fünf Personaldienstleistern zusammen», fuhr der Pferdeschwanz fort, «und es handelt sich um eher kleine Unternehmen aus der Region. Will sagen: keine Branchenriesen dabei.»

Hauke nickte. Es waren zwar sechs, aber er fragte sich trotzdem, von wem der Junge das Detailwissen hatte.

«Ich habe mir diese Unternehmen mal genauer angeschaut. Es sind allesamt GmbHs. Wenn ich mir die Mühe mache und im Handelsregister nachforsche, dann stelle ich fest, dass ihre Geschäftsführer angestellt sind und keine Kapitalanteile halten. Bei den Teilhabern dann aber die große Überraschung.

Es tauchen immer wieder die gleichen Namen oder wenigstens die gleichen Meldeadressen auf.»

«Oh, shit», murmelte Hauke. Auf die Idee, genau dies zu tun, hätte er selbst kommen können, vielleicht sogar müssen.

«Genau.» Robert kratzte sich am Kopf. «Ich unterstelle mal, dass du nicht weißt, was da abgeht. Und, ich sag das jetzt vor allem, weil du ein Freund von Jens bist, pass auf, dass sie dich da nicht mit reinziehen.» Er wendete sich dem Studenten zu. «Irgend 'ne Idee, was der Hintergrund sein könnte?»

Der schüttelte den Kopf. «Keine Ahnung, was da läuft. Kann sein, es handelt sich um Untreue. Vielleicht wird das alles nur inszeniert, um Geld an der Steuer vorbeizuschleusen. Dazu müsste man tiefer graben.»

Hauke schluckte. «Die Unterlagen, die du da eingesehen hast, gibt's da Kopien?»

Zwischen zwei Fingern hielt Robert einen USB-Stick in die Höhe. «Versprichst du mir, dass wir bei Gelegenheit mal über den Wahlvorstand reden?»

Draußen war es dunkel geworden. Robert und der Student waren in Richtung Schwerin entschwunden, und auf dem Parkplatz vor McDonald's hatten sie längst die Außenleuchten eingeschaltet. Mit den Fingerknöcheln massierte er sich die Schläfen. Hauke allein in Meck-Pomm. Er war im falschen Film gelandet.

Ein Kleinwagen setzte rückwärts in die Parklücke neben ihm. Ein junges Pärchen stieg aus, sie küssten sich und schlenderten Hand in Hand hinüber zum Restaurant.

Er selbst war grad munter dabei, seine Ehe zu zerstören. Tatsächlich dachte er an nichts anderes als an sein nächstes Treffen mit Jens. Ein fremder Kerl, von dem er nichts weiter wusste, als dass er Lkw fuhr und aus jedem Knopfloch nach

Zigarillos stank. Es war schon wieder so weit, in seiner Hose wurde es eng. So viele Jahre hatte er hart daran gearbeitet, das alles aufzubauen. Familie … Beruf … Einmal mit dem Schwanz gedacht und alles zerschlagen. Am liebsten würde er allerdings von nun an nur noch mit dem Schwanz denken.

Aber jetzt brauchte er erst mal jemanden, der Ordnung in dieses Chaos brachte. Hauke scrollte nach Sönkes Handynummer; sein großer Bruder war in solchen Situationen unbezahlbar. Es dauerte geraume Zeit, bis Sönke das Gespräch annahm.

«Moin, kleiner Bruder, wenn du mich so unerwartet anrufst, ist immer was im Busch. Also, was hast du angestellt?» Sönke lachte lauthals, er klang beschwipst. Im Hintergrund war fetzenweise Kneipenlärm zu hören, und Sönke schrie offenbar dagegen an. «Ich hab zwar noch nicht so lange in einer Beziehung gelebt wie du, aber wenn's ums Schlussmachen geht, hab ich mindestens 50 Tipps parat, sie zu verlassen.» Er war gerade in einem Dorfgasthof in der Nähe von Hannover; seine Zimmerei hatte dort einen Auftrag angenommen. Hauke bemühte sich, sein Problem bei Lewitz-Haus in wenigen Worten zusammenzufassen. Unterdessen verließ Sönke die Gaststube, um draußen in Ruhe zuhören zu können.

«Ich hab keine Ahnung, bin kein Steuerberater, Jurist oder so. Guck dir die Materialien genau an, die sie dir übergeben haben. Mein ganz persönlicher Rat an den kleinen Bruder: Wenn irgendwas faul ist, spiel nicht den Helden. Mach nicht den Whistleblower, sondern die Biege. Und pass vor allem auf, dass du nicht am Ende zum Bauernopfer wirst.»

Hauke schluckte. Wenn er jetzt den Job hinschmiss, was würde dann aus Jens und ihm? Er konnte nicht einfach gehen. Andererseits, vielleicht wäre es genau das Richtige. Die Sache beenden, bevor sie seine Ehe gefährdete.

«Hauke? Bist du noch dran?»

«Ja, war nur am Überlegen.»

«Dachte ich mir. Erst fragst du mich, aber am Ende befolgst du meine Ratschläge dann doch nicht. Ich bin auf jeden Fall auf deiner Seite. Alles klar?»

«Alles klar. Danke dir, Großer.» Mit der freien Hand strich Hauke über den Handbremshebel.

«Brauchst du vielleicht auch noch 'ne Partnerberatung?» Sönke lachte. «Für den rein hypothetischen Fall würde ich dir immer raten: Sprich mit ihr. Je eher, desto besser.»

Die letzten Stufen schienen endlos zu sein. Er fror und zitterte ein klein wenig. War es wirklich so kühl, oder lag es an der Aufregung? Die ganze Fahrt hatte er überlegt, was er Birgitt sagen sollte. Irgendwas in der Art von «Schatz, ich muss dir gestehen, dass ich dich betrogen hab. Mit einem Mann.» Er konnte sich das beim besten Willen nicht vorstellen. Im richtigen Moment würde ihm schon das Richtige einfallen. Sie anzurufen, gewissermaßen vorzuwarnen, dazu hatte ihm ebenfalls der Mut gefehlt.

Er stand vor der eigenen Wohnungstür und unterdrückte den Reflex, den Klingelknopf zu drücken. Das hätte die Jungs geweckt und Birgitt unnötig verärgert. Geräuschlos drehte er den Schlüssel. Beinahe wie ein Dieb, dachte Hauke. Ohne jedes Geräusch schlich er hinein.

Alles war still, nur durch die Glasfüllungen der Wohnzimmertür schimmerte etwas Licht. Routiniert zog er im dunklen Flur die Schuhe aus. Noch einmal tastete er in die Hosentasche. Der USB-Stick war noch an Ort und Stelle. Hauke holte tief Luft und öffnete die Wohnzimmertür.

Birgitt saß im Lehnsessel und schlief. Das Buch, in dem sie gelesen hatte, war in ihren Schoß gesunken. Auf dem Tischchen neben ihr stand ein zur Hälfte geleertes Weinglas. Der gewohnte Duft von Chloé hing im Raum. Einen Moment blieb er stehen und betrachtete seine Frau. Vielleicht würde er sie niemals wieder so friedvoll erleben.

«Schatz», flüsterte er und räusperte sich. «Schatz!»

Sie schlug die Augen auf und sah ihn an. Der erste Ausdruck der Verblüffung schlug sofort in Freude um. Er beugte sich zu ihr hinunter und gab ihr einen Kuss. Welche Wärme sie ausstrahlte.

«Wie siehst du denn aus?!» Birgitt drehte den Kopf hin und her, als wollte sie ihn aus verschiedenen Perspektiven betrachten. «Stell dich mal ins Licht. Bist du krank, ist was passiert?»

Hauke fühlte den USB-Stick in seiner Hand. «Ja, ist es. Darf ich mal deinen Computer benutzen?»

Er ging hinüber ins Arbeitszimmer, fuhr den Rechner hoch und stöpselte den Stick ein. Dieser Philipp hatte sauber gearbeitet. Das Material war ordentlich in beschriftete Ordner abgelegt. In erster Linie interessierte ihn, ob Philipp originale Quellen von Lewitz-Haus genutzt haben mochte. Soweit er erkennen konnte, war dies nicht der Fall. Ein Ordner enthielt gescannte Originalrechnungen von mindestens einem der Personaldienstleister. Da sie nicht den Eingangsstempel aufwiesen, den jede Rechnung in der Poststelle bekam, konnten sie nicht bei Lewitz kopiert worden sein. Die Mehrheitsgesellschafterin dieses Dienstleisters trug den Nachnamen Herrmanns. Dieser Name tauchte auch in anderen Dokumenten immer wieder auf.

Birgitt stellte ungefragt einen Becher Früchtetee neben die Tastatur und massierte ihm die Schultern. Er legte beide Hände um den Becher, um sich aufzuwärmen.

«Was ist das?» Sie beugte sich neugierig zum Monitor.

Hauke wiederholte, was Philipp ihm vor drei Stunden erklärt hatte. «Ich muss das morgen in der Firma noch prüfen. Ziemlich dicker Hund, sollte da was dran sein. Hier, Herrmanns, das ist unser Fertigungsleiter. Verdammt, warum muss mir so was passieren?»

«Was hast du damit zu tun?»

«Eventuell wird das Unternehmen seit Jahren systematisch ausgenommen. Ich muss damit zu Wagner gehen. Das ist unser Chef.» Mit ein paar Mausklicks zog er eine Kopie des Sticks auf den heimischen Rechner. «Wenn's schlecht läuft, haben sie das inszeniert, um Vater Staat zu beschubsen. Dann allerdings hängt Wagner da wohl auch mit drin. Wer weiß, man muss mit allem rechnen.»

«Wird schon nicht so schlimm werden. Vielleicht ist er dir dankbar.»

«Dem Überbringer schlechter Nachrichten wird selten gedankt. Kann ja auch sein, dass sie mir die Rolle des Sündenbocks zugedacht haben. Daher der Karrieresprung. Sönke sagt, ich soll einfach in' Sack haun. So oder so.»

Birgitt schlang die Arme um seinen Hals. «Und du hast dir so viel Hoffnung gemacht.»

Die gegenseitige Zuneigung schlug über Hauke zusammen. Er stand auf und klammerte sich an seine Frau.

«Du zitterst ja!» Sie ging durch die Zwischentür ins Wohnzimmer, holte eine Decke und legte sie ihm über die Schultern. «Wir haben mein Gehalt. Wenn es sein muss, dann muss es eben sein. Dann kündigst du. Es wird schon gehen.»

Sie liebte ihn. Sie liebte ihn wie niemanden sonst auf der Welt, und sie vertraute ihm. Mit dem Becher in der Hand schlurfte Hauke zurück ins Wohnzimmer und ließ sich auf dem Knoll-Sofa nieder. Dabei war ihr Vertrauen in ihn durch nichts gerechtfertigt. Vorsichtig schlürfte er am heißen Tee, doch die Kälte wollte nicht weichen. Er hatte es ihr immer noch nicht gesagt. Er war einfach zu feige.

Sie setzte sich neben ihn und legte ihren Arm auf seine Schultern. «Das hat dich ja total mitgenommen.»

Er nahm noch einen Schluck Tee.

«Schatz, da ist noch was.»

«Noch was?» Sie lachte und knuddelte ihn. «Schlimmer kann's ja kaum noch kommen.»

Er holte tief Luft. Es musste jetzt raus. «Schatz, es ist einfach so passiert. Bitte reg dich nicht auf.»

Sie zog den Arm zurück und schüttelte langsam den Kopf. «Nein, bitte nicht.» Sie sah ihn mit zusammengekniffenen Augen an, wurde nicht laut, und es rollten keine Tränen. «Ich bin einfach zu blöd. Jede halbwegs intelligente Frau hätte das gemerkt. Wer ist es, etwa diese Karen? Die Rosentrocknerin? Ein Kumpel mit 'nem Oldtimer, von wegen. Und ich hab den Quatsch auch noch geglaubt.» Ein Hauch von Wut schimmerte in ihren Augen. «Ich bin so was von blöd. Und diese verdammte Rosentrocknerin besitzt auch noch die Stirn und ruft hier an.»

«Schatz, Karen Astheimer ist völlig unschuldig.» Hauke stellte den Becher auf dem Couchtisch ab. «Das mit dem Kumpel war nicht gelogen. Kannst du dich erinnern, ich habe dir mal von Olaf erzählt.»

«Der dich als Junge auf dem Motorrad mitgenommen hat? Ja, und?»

«Ich habe in Parchim jemand kennengelernt, der sieht ihm so verdammt ähnlich. Es ist wirklich verblüffend.» Er begann wieder stärker zu zittern und zog die Decke fest um die Schultern.

«Und weiter?»

«Es ist …» Er flüsterte jetzt nur noch. «Es ist einfach passiert zwischen uns.»

Das Schweigen zwischen ihnen dehnte sich endlos. Wenn sie wenigstens geschrien oder geschimpft hätte. Sie saß nur in sich gesunken auf dem Sofa und starrte ihn unverwandt an. Irgendwann fand sie die Sprache wieder.

«Mit 'nem Kerl … mein Mann betrügt mich mit 'nem anderen Mann …» Sie schüttelte langsam den Kopf und lachte ein bisschen irre.

«Schatz …» Hauke legte zaghaft die Hand auf ihr Knie. Er suchte nach den passenden Worten, aber im Grunde war in dieser Situation ohnehin alles falsch, was er sagen würde.

Sie hob seine Hand hoch und legte sie mit großer Bestimmtheit zurück auf sein Knie. Schließlich flüchtete sie sich in rein praktische Erwägungen. «Und … wie muss ich mir das vorstellen? Ich meine, war das eine einmalige Sache, oder wie …»

«Nein, mehrfach.» Dann räusperte er sich. «Schatz, es hat wirklich nichts mit dir zu tun.»

«Nichts mit mir, aha.»

Sie rückte einen Zeitschriftenstapel zurecht, hob ein paar Spielzeugautos vom Boden und reihte sie nebeneinander auf.

«Sag was, bitte», bettelte Hauke.

«Es hat nichts mit mir zu tun.» Sie flüchtete sich in Sarkasmus. «Man kann es also positiv sehen. Du hattest wenigstens nichts mit einer anderen Frau. Was für 'n Glück. Ich sollte dem lieben Gott wirklich dankbar sein.»

«Bitte …»

«Und all die Jahre vorher …»

Hauke schüttelte den Kopf. «Nie …»

«Hast du mir denn die ganze Zeit was vorgespielt? Ich meine, bist du jetzt schwul oder was?»

«Nein, da war nichts gespielt. Das musst du mir glauben.»

Er versuchte, sie zu umarmen, doch sie wehrte ihn ab.

Plötzlich sprang sie auf. «Ich muss darüber nachdenken. Jetzt kann ich unmöglich was dazu sagen.»

«Soll ich hier auf dem Sofa …?»

«Unsinn. Aber versprich mir eins. Kein Wort zu den Jungs. Die müssen nichts davon wissen. Nicht zu den Jungs, nicht zu meinen Eltern, deinem Bruder, zu niemandem. Kein Outing oder so was in der Art ohne Rücksprache mit mir. Versprochen?»

«Versprochen.»

16

Der Firmenparkplatz war schon beinahe vollständig belegt, als er endlich ankam. Zum Glück stand Klaus Wagners BMW nicht auf dem gewohnten Platz. Hauke atmete auf. Das gab ihm Gelegenheit, ein bisschen genauer hinzuschauen, ohne dass Wagner es gleich mitbekam.

In seinem Büro angekommen, blieb ihm nicht einmal Zeit, den Schrecklichen Sven zu begrüßen. Sogleich stand Frau Sprung in der Tür.

«Guten Morgen, Herr Boie, heute so spät … alles in Ordnung bei Ihnen?» Sie lächelte ihn an. «Wagner hat schon angerufen und wollte Sie sprechen. Er ist heute noch wegen diesem Siedlungsprojekt bei Karlsruhe unterwegs und kommt erst morgen wieder. Ich hab einen Termin am Vormittag für Sie vereinbart. Schauen Sie bitte mal, ob das so klappt? Sie waren in der Zeit nicht belegt.»

Hauke nickte ihr kurz zu und suchte erst einmal nach den Kopfschmerztabletten in der Schreibtischschublade. Während der letzten Nacht hatte er zwar nur drei Stunden geschlafen, doch er war fest entschlossen, der Sache hier und heute auf den Grund zu gehen. Ganz nebenbei sorgte die Arbeit auch für Ablenkung. So kam er gar nicht erst in die Verlegenheit, über Birgitt, die beiden Jungs und die gemeinsame Zukunft nachzudenken. In der Teeküche füllte er eine Tasse mit Wasser und spülte die Tablette hinunter. Dann rief er Frau Sprung wieder zu sich ins Büro.

«Für den Termin mit Wagner würd' ich gern eine Präsentation vorbereiten. Dazu bräuchte ich Ihre Hilfe. Können Sie mir eine Liste aller Zeitarbeitnehmer zusammenstellen?»

«Das geht ganz fix.» Frau Sprung machte eine winkende Handbewegung, als sei das Ganze nur ein Klacks. «Ist alles im Zeiterfassungssystem, brauch ich nur nach Excel exportieren.»

Er wies sie an, nicht das laufende, sondern nur das letzte abgeschlossene Geschäftsjahr zu betrachten. Zu jedem einzelnen Zeitarbeitnehmer würde sie den Namen, die Personalnummer und die abgerechneten Arbeitsstunden exportieren. In spätestens einer Stunde hätte er das Ergebnis, versprach sie und machte sich an die Arbeit.

Dann ging er hinüber in die Buchhaltung. Die Kollegin dort hieß Schulz, trug ein pinkfarbenes Girlie-T-Shirt und hatte die schmale Oberkante ihres Monitors mit zahlreichen kleinen Plastikpferdchen ausgeschmückt. Er nannte die Firmennamen der sechs Zeitarbeitsvermittler und bat Frau Schulz, alle Umsätze mit diesen Firmen im letzten Geschäftsjahr zusammenzustellen. Sie meinte, das sei kein Problem. Die Sache klappte besser, als er erhofft hatte. Mit etwas Glück sah er schon vor der Mittagspause klarer, zumindest in Sachen Zeitarbeit.

Zurück in seinem Büro schaute er nach draußen zum Raucherunterstand. Dort stand Diggers Doppelgänger allein gegen einen der Pfosten gelehnt, paffte und blinzelte dabei in die Sonne. Kurz entschlossen griff Hauke nach den Zigarillos und machte sich auf den Weg.

«Tachschön!» Er nickte dem Arbeiter zu und zündete eine Sprachlos an. «Na, ein bisschen Farbe ins Gesicht kriegen?»

Der andere sah ihn kurz mit erschrockenem Ausdruck an

und blickte dann auf die Schutzkappen seiner Arbeitsstiefel hinunter.

«B… bin das noch nicht gew… wohnt. G… ganzen T… Tag drinnen.»

Weil der Doppelgänger ihn nicht direkt ansah, schaute Hauke umso ungenierter. Vom Gesicht her war er nicht wirklich ein Doppelgänger, aber mit dem gestutzten Vollbart sah er dennoch gut aus. Und das Stottern gab ihm etwas Niedliches.

«Auch noch nicht so lange bei Lewitz?», fragte Hauke.

«S… s… seit d… drei Monaten. Zeit…a…arbeiter.»

Hauke zögerte einen Moment. So schwer, wie er sich mit der Aussprache tat, musste man beinahe annehmen, es bereite ihm körperliche Qualen. Er wusste natürlich, dass das Quatsch war, am besten sprach er mit ihm wie mit jedem anderen Kollegen auch. Der Mann hatte seine Zigarette unterdessen aufgeraucht und drückte die Kippe in einen für diesen Zweck vorgesehenen mit Sand gefüllten Blumenkübel.

«Ich bin übrigens Hauke.»

«M… Mirko.»

Der Doppelgänger wandte ihm lächelnd das Gesicht zu, doch seine Augen schienen einen Punkt irgendwo am Blumenkübel zu fixieren. Gleich würde er in Frau Sprungs Liste nachschauen, ob es da einen Mirko gab.

Tatsächlich benötigte Frau Sprung nicht einmal eine Stunde für die versprochene Datei. Die Gesamtzahl von 97 Zeitarbeitnehmern kannte er ja schon. Einen Mirko fand er nicht, doch dann fiel ihm ein, dass der ja erst seit drei Monaten bei ihnen tätig war. Er loggte sich ins Zeiterfassungssystem ein, suchte dort und wurde tatsächlich fündig. Der Mann war Jahrgang 76, wie er selbst, bislang stets pünktlich gewesen und hatte sich kein einziges Mal krankgemeldet. Er konnte der Versuchung nicht widerstehen und googelte ihn rasch. Zu seiner Überraschung gab es da etliche Einträge, die sich alle um Fußball rankten, denn er spielte noch aktiv in einer Altherrenmannschaft. Außerdem trainierte er die G-Jugend und hatte, wie einem Interview in einer Lokalzeitung zu entnehmen war, zwei Söhne im Alter von sechs und acht Jahren. Im Fußballertrikot sah er noch besser aus als in der Arbeitsbekleidung. Wie er die Bilder in Google betrachtete, erschrak Hauke plötzlich. Er konnte unmöglich auf diese Weise einzelnen Mitarbeitern hinterherschnüffeln. Was, wenn Frau Sprung plötzlich hereinkam? Rasch schloss er das Browserfenster wieder.

Im gleichen Moment traf die E-Mail aus der Buchhaltung ein, der als Anhang eine Datei mit den aufaddierten Rechnungsbeträgen der Personalleasingfirmen beigefügt war. Praktischerweise hatten sie auch schon eine Gesamtsumme von allen sechs Firmen gebildet. Um einen groben Anhaltspunkt zu haben, teilte er diesen Betrag überschlägig im Kopf durch die insgesamt erbrachten Arbeitsstunden aus Frau Sprungs Liste. Ohne Taschenrechner ließ sich schon erkennen, dass da irgendwo ein Fehler stecken musste. Zur Sicherheit überprüfte er alles sorgfältig ein zweites Mal, rechnete mit dem Taschenrechner nach, doch das änderte nichts am Ergebnis.

Er rief Frau Schulz in der Buchhaltung an und fragte, ob die Firmen eventuell noch andere Leistungen abrechnen würden. Sie verneinte. Kurz entschlossen ging er hinüber, um sich ein paar Rechnungsoriginale zeigen zu lassen. Sie war nicht begeistert von seinem Ansinnen und gab sich keine Mühe, dies zu verbergen. Unwillkürlich musste er an Birgitt denken, die auch nie verbergen konnte, wenn ihr etwas missfiel. Bislang hatte sie alle Zahlen im Computer auswerten können. Originalrechnungen anzusehen lief auf Handarbeit hinaus, denn diese waren ganz klassisch in zeitlicher Reihenfolge abgelegt. Immerhin gab es so etwas wie Sammelrechnungen, die monatlich ausgestellt worden waren.

«Könnten Sie mir Kopien davon zusammenstellen?», bat Hauke.

Ihre Augen weiteten sich. «Im Prinzip ja, aber 'ne Woche bräuchte ich dafür schon.»

Hauke schaute auf die Aktenordner im Schrank hinter ihr, die sämtlich den Aufkleber *2011* trugen, und überlegte kurz. «Dann kümmere ich mich selbst darum. Lassen Sie sich nicht stören.»

«Aber ...»

Hauke ließ sie einfach stehen und zog den ersten Ordner aus dem Schrank. Sechs Firmen, bei monatlichen Sammelrechnungen kam er auf 72 Belege insgesamt. Bevor er hier noch lange verhandelte, hatte er die auch eben selbst herausgesucht.

Er musste nicht lange blättern, bis er fündig wurde. Als Erstes schaute er nach dem abgerechneten Stundensatz. Der allerdings war nicht zu hoch, sondern branchenüblich. Er kopierte alle Rechnungen und legte die Originale wieder zurück an ihren Platz. Zwischendurch ging Frau Schulz zu Tisch, er machte ungerührt weiter. Gegen drei Uhr nachmittags war er endlich fertig und hielt einen Stapel von 81 Kopien in der Hand. Gelegentlich hatte es doch noch ein paar Zwischenabrechnungen gegeben.

Jeder einzelne Beleg war vom Fertigungsleiter Uwe Herrmanns geprüft und vom Geschäftsführer Klaus Wagner abgezeichnet worden. Das Vier-Augen-Prinzip war eingehalten worden, insoweit hatte alles seine Richtigkeit.

Zurück in seinem Büro übertrug er aus jeder einzelnen Rechnung die abgerechneten Stunden und deren Kosten in eine Tabelle. Zwischendurch kam Frau Sprung herein, stellte ihm einen Teller mit Keksen hin und legte eine Aktenmappe daneben.

«Das sind noch zwei Arbeitsverträge. Nehmen Sie die bitte morgen mit zur Unterschrift?»

Er nickte ihr lächelnd zu, und sie verschwand wieder. Mit jeder einzelnen Zeile, die er der Tabelle hinzufügte, starrte er erwartungsvoll auf das Summenfeld ganz am unteren Rand. Schon nach wenigen Rechnungen war die Tendenz klar. Es waren offenbar weit mehr Stunden abgerechnet worden als erbracht. Die einzelnen Rechnungen selbst machten einen durchaus seriösen Eindruck, wiesen jede einzelne Rechnungsposition mit den Personalnummern der jeweils abgerechneten Zeitarbeitnehmer aus. Leider handelte es sich nicht um die gleichen Personalnummern, wie sie bei Lewitz-Haus verwendet wurden. Das machte eine Rückverfolgung und wirkliche Prüfung unmöglich.

Da lief etwas, und er traute sich nicht zu beurteilen, was es war. Aber es sah nicht gut aus. Er atmete tief durch und schaute zum Fenster hinaus. Raucherunterstand und Parkplatz waren längst verwaist, die Belegschaft im wohlverdienten Feierabend. Mit dem Daumen rieb er dem Schrecklichen Sven über den Bauch und seufzte.

Ach Sven, meinst du, sie suchen jemand, dem sie die Sache anhängen können? Sönke hat gesagt, ich soll in' Sack hauen und nicht den Helden spielen. Aber ich war doch letztes Jahr noch gar nicht hier, das ginge also gar nicht. Oder meinst du, Wagner braucht mich, um Herrmanns loszuwerden?

Bevor er die Präsentation für sein Gespräch mit Wagner vorbereitete, wollte er die Sache eine Nacht überschlafen.

Vielleicht sahen die Dinge am nächsten Morgen doch noch anders aus. Das konnte man nie wissen. Oder er musste das Gespräch mit Wagner einfach abwarten. Und sich für beide Varianten wappnen. Gehen oder bleiben.

Bevor er den Computer ausschaltete, kopierte er vom Server die Vorlage für einen Arbeitsvertrag mit der Lewitz-Haus GmbH. Er schaute Mirkos Nachnamen, das Geburtsdatum und die vollständige Adresse nach und kopierte alles in die dafür vorgesehenen Felder. Schließlich setzte er noch ein Kreuz in das Rechteck neben dem Wort unbefristet. Dann erstellte er zwei Ausdrucke und legte sie zu den anderen beiden Arbeitsverträgen in die Vorlagemappe.

Die Stunden der Recherche im Büro, die ganze Ungewissheit über die Zukunft seiner Familie, alles verlor seine Bedeutung, sobald er in seinen Armen lag. Seit ihrer ersten Nacht wiederholte sich zwischen ihnen regelmäßig das gleiche Spiel. Er markierte ein wenig Gegenwehr, und Jens griff entsprechend stärker zu. Längst wusste er, was darauf folgte. An diesem Abend hatte er es ganz besonders herbeigesehnt. Danach ließ es sich herrlich in seinen Armen träumen, geborgen und sicher.

«Du warst schlecht drauf am Wochenende.» Hauke küsste die haarige Oberseite seiner Hand.

Jens verschloss ihm mit dem Zeigefinger die Lippen. «Reden wir nicht drüber. Ist vorbei.»

«Wenn du mal was mit Herrmanns hattest, kannst du das doch ruhig sagen. Ist mir so was von egal.»

«Pffff», Jens stieß verächtlich Luft aus, «nicht, was du denkst. Aber wie gesagt, aus und vorbei.»

«Aber es sah aus, als würdet ihr euch gleich an die Gurgel gehen.»

«An dem mach ich mir nicht die Finger schmutzig.» Jens löste die Umarmung, rollte sich auf den Rücken und starrte zur Decke. «Wir waren zusammen bei der Armee. Dann kam die Wende, und so schnell konn'ste gar nicht gucken, da mutierte unser Hauptmann Uwe Herrmanns zu einem Oberleutnant der Bundeswehr.»

«Na und? Ich war auch beim Bund.»

«Und wärste freiwillig zu uns rüber?»

Hauke kicherte. «Natürlich nicht.»

«Siehste. Unsereiner hatte auch kein Verlangen auf Maskenball in neuen Uniformen.» Er stopfte sich ein Kissen unter den Kopf, stellte sich einen Aschenbecher auf den Bauch und zündete einen Zigarillo an. «Na ja, dachte man, hast ja mal Betonbauer gelernt, wird schon. Wurde nicht, und die Frau lief einem auch weg. Am Ende hat man sich fast zwei Jahre nur von Wasser, Brot und Doppelkorn ernährt. Und glaub's mir, von Nordhäuser hat man nur geträumt. Zu teuer.»

Hauke kicherte und lehnte den Kopf gegen seinen Oberarm.

«Da gibt's nix zu lachen. Man war unten, ganz unten. Uwe dagegen hat irgendwann die Bundeswehr verlassen, und damit er sich im Zivilleben zurechtfand, haben sie ihm noch das Ingenieurstudium versüßt. Zu exakt der gleichen Zeit, wo unsereiner sich selbst aus der Scheiße gezogen hat. Jeden Morgen laufen. Minimum eine Stunde. Kost' ja nix.» Jens paffte seinen Zigarillo und blies den Rauch in Richtung Decke.

«Wusstest du schon zu deiner NVA-Zeit, dass du auf Männer stehst?»

«Wusstest du's denn, als du beim Bund warst?»

«Nein. Allerdings, rückblickend betrachtet, hab ich's mir vielleicht nur nicht eingestehen wollen.»

«Siehste.» Jens drückte den Zigarillostummel im Aschenbecher aus. «Mit Uwe zusammen hab ich mal 'ne Frau gevögelt.»

«Das erklärt ja alles.» Hauke lachte auf. «Lass mich raten. Seiner war ...»

Jens unterbrach ihn. «Sie ist später seine Frau geworden, und das ist sie heute noch.» Er zündete sich eine zweite Sprachlos an. «Eines habe ich jedenfalls gelernt. Keine Kompromisse mehr, niemals.»

«Darf ich auch mal?» Mit der freien Hand griff Hauke nach dem Zigarillo und nahm einen kräftigen Zug. Er überlegte einen Moment und kam zu dem Schluss, dass dies jetzt der geeignete Moment war, mit ihm zu reden. So weit hatte Jens sich noch nie geöffnet.

«Ich habe letzte Nacht mit meiner Frau gesprochen.» Er holte weit aus, sprach von Birgitt, den beiden Söhnen und von verdrängter Sexualität.

«Und was willst du jetzt von mir hören?» Jens drehte den Aschenbecher mit den beiden erloschenen Stummeln auf seiner Brust. «Du musst Ordnung in dein Leben bringen, konsequent sein. Mehr kann einer wie ich dir nicht raten.»

«Neulich hast du gesagt, wir sollten uns nicht ineinander verlieben.»

Jens stellte den Aschenbecher auf den Fußboden und wandte sich Hauke zu: «Stimmt. Tatsächlich ist es aber passiert. Ich glaub, schon bei der ersten Begegnung an der Tankstelle.» Mit der Rückseite des Zeigefingers strich Jens ihm stumm über die Wangen.

«Gib dich nicht immer so verdammt cool und abgebrüht, ich kann damit echt nicht umgehen.» Ungewollt schlug Hauke einen lauten Tonfall an. «Vielleicht zeigst du auch mal so was wie Gefühl.»

«Psst.» Wieder legte Jens ihm den Zeigefinger auf den Mund. «Keine falschen Hoffnungen. Mein Vorrat an Gefühlen ist, wie soll ich sagen, eingetrocknet. Irgendwie vertrocknet. Im Laufe der Zeit.»

Am liebsten hätte Hauke ihn gerüttelt. Das konnte nie und nimmer sein. So, wie Jens sich benommen hatte. «Hast du nicht selbst eben gesagt, es sei passiert? Haben wir uns nun ineinander verliebt oder nicht?»

«Wir haben uns beide gehen lassen. Mehr ist nicht passiert.»

Hauke öffnete den Mund, wollte noch darauf antworten, doch ein weiteres Mal verschloss der Zeigefinger seine Lippen.

«Herr Boie, was höre ich da, die IG Bau will hier eine Betriebsratswahl anzetteln?»

Klaus Wagner klopfte ihm auf die Schulter und bedeutete ihm mit einer Armbewegung, am Besprechungstisch Platz zu nehmen. Er trug eine locker gebundene diagonal gestreifte Krawatte zu weißem Hemd, den obersten Hemdknopf geöffnet und die Ärmel hochgekrempelt. Das verlieh ihm die Optik des Machers, und Hauke nahm an, er hatte das vor dem Spiegel so eingeübt.

«Wie haben Sie den Kontakt nur eingefädelt? Na, Sie werden es mir gleich verraten.»

Hauke ging nicht weiter darauf ein. Er hatte eine kurze PowerPoint-Präsentation mit vier Folien vorbereitet, deren Ausdrucke er in einem Aktendeckel dabeihatte.

«Lassen Sie mich später darauf zurückkommen. Herr Wagner, Sie erinnern sich, wir sprachen bereits darüber, die Personaldienstleistungen auszuschreiben. Ich gebe zu, ursprünglich hatte ich mir dadurch nur ein gewisses Einsparpotenzial erhofft. Denn was wir zurzeit zahlen, ist in der Summe deutlich über dem marktüblichen Preis, gelinde ausgedrückt.»

Wagner hob die Augenbrauen und sah ihn erwartungsvoll an. Hauke legte den Ausdruck der ersten Folie auf den Tisch.

«Sehen Sie hier. Das sind die sechs Personaldienstleister, die zurzeit für uns tätig sind. Alles kleine Unternehmen mit der Rechtsform einer GmbH, die ihren Standort an verschiedenen Orten in Mecklenburg-Vorpommern, Brandenburg oder Sachsen-Anhalt haben, mit jeweils unterschiedlichen Geschäftsführern.»

«Klar, das sind die Landstriche, wo wir erfolgreich gute Leute rekrutieren können. Uwe, also Herr Herrmanns, hat das noch vor ihrer Zeit so eingerichtet.» Wagner nickte zustimmend.

«Diese Folie zeigt nun die Gesellschafter der einzelnen GmbHs in Form von Tortendiagrammen. Hellgrün sind jene Anteile markiert, deren Inhaber den Nachnamen Herrmanns tragen. Dunkelgrün diejenigen Gesellschafteranteile, deren Inhaber an der Meldeadresse von Uwe Herrmanns wohnen.»

Fast alle Tortendiagramme waren zu 80 bis 90 Prozent grün gefärbt. Hauke ließ die Folie noch einen Moment wirken.

«Herr Boie, ich sagte Ihnen ja schon bei unserem letzten Gespräch, wie zufrieden ich mit Ihrer Arbeit bin.» Wenn Wagner in irgendeiner Form erregt war, so ließ er es sich jedenfalls nicht anmerken. «Ich denke, dies ist der Moment, wo die Firma sich bei Ihnen erkenntlich zeigen sollte. Wir haben ja das Thema Dienstfahrzeug noch nicht abschließend geregelt. Uwe sagte mir, Sie hätten ein Faible für Geländewagen? Glauben Sie mir, hier draußen in Mecklenburg werden Sie so ein Ding schätzen lernen, spätestens im nächsten Winter.»

Ohne auf dieses Angebot einzugehen, legte Hauke die dritte Folie auf den Tisch. «Sehen Sie sich dieses Balkendiagramm an. Balken eins bis sechs zeigen die von den Vermittlern abgerechneten Arbeitsstunden. Balken sieben zeigt die Gesamtsumme und Balken acht die tatsächlich von Zeitarbeitnehmern im Hause erbrachten Stunden. Nur ein Bruchteil dessen.»

Wagner räusperte sich, seine Augenbrauen zuckten.

Hauke fuhr fort. «Dann habe ich hier noch eine vierte Folie vorbereitet. Sie zeigt in einem Tortendiagramm die Anteile der drei Gesellschafter an der Lewitz-Haus.» Wagner selbst hielt nur zehn Prozent, der Rest verteilte sich auf zwei Investoren. «Und diese Zahl hier», Hauke tippte auf drei rot gedruckte Ziffern, «gibt den Betrag in Tausend Euro an, der den Gesellschaftern, grob gerechnet, jedes Jahr verloren geht.»

Mit zwei Fingern fuhr sich Wagner zwischen Hemdkragen und Hals entlang. «Herr Boie, wer hat Ihnen diese Zahlen gesteckt, die Gewerkschaftsleute?»

Hauke wunderte sich mittlerweile über seine eigene Ruhe. «Herr Wagner, Sie müssen das prüfen lassen.»

Wagner schob sich die Hemdsärmel zu den Oberarmen hinauf. «Ich habe mir berichten lassen, Sie hätten hier in den letzten Wochen einige, wie soll ich sagen, zweifelhafte Freundschaften geschlossen. Das ist alte Schule, die scheuen nicht davor zurück, Fehlinformationen zu streuen, glauben Sie mir.» Er griff nach den vier Ausdrucken, steckte sie wieder in den Aktendeckel und legte ihn zurück auf Haukes Seite des Tischs.

Deutlicher konnte die Reaktion nicht sein. Der Kerl wusste längst Bescheid. Mochte sein, er steckte da mit drin. Bestimmt sogar. Damit war die Entscheidung für Hauke gefallen. Routiniert öffnete er die Vorlagemappe.

«Bevor ich es vergesse, hier sind noch drei Arbeitsverträge. Wenn Sie die bitte …»

Wagner schaute nicht groß hin und setzte seine Unterschrift unter alle drei Dokumente. «Sonst noch was?», fragte er.

«Ja», antwortete Hauke.

Es war nur noch ein einsamer Umschlag zurückgeblieben, den er eigens am Morgen für diesen Fall vorbereitet hatte. Ganz wie Sönke es geraten hatte. *Hrn. Klaus Wagner, persönlich* war darauf als Adressat zu lesen. Wortlos schob er das Kuvert über den Tisch.

«Was ist das?» Auf Wagners Stirn entstand eine senkrechte Falte. «Womit kommen Sie mir denn jetzt noch?»

«Keine Sorge, Herr Wagner. Das hier müssen Sie nicht unterschreiben. Das hier ist meine Kündigung.»

Sein privater Kram aus dem Büro passte in einen leeren Karton Kopierpapier. Den Schrecklichen Sven schob er in die Hosentasche. Hauke legte die drei Arbeitsverträge in Frau Sprungs Eingangskorb und verabschiedete sich von ihr. Dann fuhr er nach Parchim ins Hotel. Dort waren sie grad beim Saubermachen. Der verblüfften Putzfrau drückte er einen 20-Euro-Schein in die Hand. Seine Sachen warf er in den Koffer und die beiden Reisetaschen. Es dauerte nur 20 Minuten, und er hatte das Apartment geräumt, das Mountainbike zerlegt und alles im Audi verstaut. Mit dem vollgepackten Wagen hielt er an der Tankstelle, füllte den Tank und kaufte fünf Schachteln Sprachlos. Man konnte nie wissen.

Nun war er startbereit. Es war Mittag, und die Sonne stand hoch am Himmel. Er konnte überall hinfahren, die Welt schien auf ihn zu warten.

Hauke entschied sich, ein letztes Mal zum Flugplatz zu fahren. Er parkte an gewohnter Stelle und setzte sich auf die Bank. Auf dem Flugfeld stand tatsächlich ein ausgewachsener Airbus. In einem ersten Reflex wollte er sofort Jens davon berichten. Er zog das Telefon aus der Tasche, scrollte in den Kontakten. Für einen Moment sah er das inzwischen beinahe vertraute Bild an, dann steckte er das Telefon wieder weg.

Er musste konsequent sein. Dies war sein privater Abschied von Parchim. Eine Weile betrachtete er das Flugzeug, als käme es aus einer fremden Galaxie. Plötzlich erklang aus seiner Jackentasche Birgitts Klingelton.

«Sag schon, wie war das Gespräch mit deinem Chef, wie ist es ausgegangen?»

«Wie erwartet. Ich habe gekündigt.»

Für einen Moment war es still in der Leitung. Vom Flugzeug dröhnten leise die Hilfsturbinen herüber. Das Gangwayfahrzeug fuhr fort.

Sie räusperte sich. «Du, Schatz, ich hab nachgedacht. Wir müssen in erster Linie an die Jungs denken. Du weißt, wie sie an ihrem Papa hängen. Lass es uns noch mal versuchen. Was geschehen ist, ist geschehen. Komm jetzt zurück nach Hause, wir vergessen alles und fangen noch einmal von vorn an.»

Hauke überlegte, was das bedeutete. Von vorn anfangen. Das hieß Fantasien wegdrücken, wann immer sie aufflackerten. Oder den Ausweg in Heimlichkeiten zu suchen.

«Schatz, bist du noch dran?»

Er musste es ihr sagen. Jetzt. Konsequent sein. «Birgitt, ich werde niemals wieder jemanden so lieben wie dich. Aber ...»

Sie unterbrach ihn. «Aber das geht mir doch ganz genauso.»

«Eben.» Er packte den Schrecklichen Sven und drückte ihn, dass beinahe sein Arm abgebrochen wäre. «Birgitt, wenn es dir auch so geht, wenn du mich so sehr liebst, dann lass mich gehen. Bitte.»

Am anderen Ende der Leitung schluchzte sie leise. In all den Jahren hatte sie niemals geweint. Man sagte Sätze wie diese eben nicht am Telefon. Nach ein paar weiteren, belanglosen Worten verebbte das Telefonat, weil es nichts mehr zu sagen gab.

Hauke fühlte sich schuldig. Er steckte das Telefon wieder in die Jacke und strich dem Schrecklichen Sven über den gehörnten Helm.

Meinst du, ich besuch mal Olaf und beichte ihm alles?

Sven sah ihn stirnrunzelnd an.

Okay, hast recht. Dumme Idee. Aber vielleicht melde ich mich mal bei Steffen.

Auf dem Flugfeld schwoll das Dröhnen der Turbinen an. Langsam bewegte sich die Maschine zur Startbahn hinaus. Die Triebwerke steigerten sich zur Höchstleistung, das Flugzeug beschleunigte. Schließlich hob der Vogel ab, reckte sich steil in die Höhe und verschwand nach Westen in den Wolken.

Komm, wir machen hier auch den Abflug.

Er schob den Schrecklichen Sven zurück in die Hosentasche, setzte sich hinters Steuer und nahm den Weg in Richtung Autobahn.

17

Hauke schaute in den Rückspiegel. Die beiden Söhne trugen Kopfhörer und starrten wie gebannt nach vorn, die Blicke auf die Rückenlehne vor ihnen geheftet. Perfekt, dachte er, die Anschaffung hatte sich gelohnt. Ein DVD-Spieler mit zwei Displays, die sich an den Kopfstützen der Vordersitze befestigen ließen. Der Erfinder muss genau gewusst haben, wie man Kinder in diesem Alter am besten ruhigstellt. Dazu brauchte es weder Ritalin noch andere Pharmazie, nur ein bisschen moderne Technik und die eine oder andere silberne Scheibe.

«Hey, ihr beiden. Wollen wir am Kanal aussteigen und Schiffe gucken?»

Die Angesprochenen reagierten nicht.

«Ihr Banditen hört mich ganz genau. Na gut, dann entscheide ich eben.»

«Nein, nein!», krähte Georg von der Rückbank. «Nicht anhalten. Wir wollen zu Oma!»

Eine Viertelstunde später standen sie am Geländer der Grünentaler Hochbrücke und schauten nach Süden.

«Warum ist die Brücke so hoch?», fragte Georg.

«Damit die großen Schiffe drunter durchpassen», antwortete Hauke.

Tief unter der Brücke, eingeschnitten im Geestrücken der von der Eiszeit geprägten Landschaft, blinkte die Sonne auf der sanft schaukelnden Wasseroberfläche des Kanals. Ein

Frachtschiff tauchte hinter der nächsten Biegung auf; drei weitere Schiffe folgten ihm.

«Achtet mal auf die Flaggen, dann wissen wir, woher die Schiffe kommen. Das erste ist ein Frachter, dahinter kommt ein Tanker. Seht ihr die Aufschrift *No Smoking*? Die Besatzung darf auf dem ganzen Schiff nicht rauchen.»

Das dumpfe Dröhnen der Schiffsdiesel näherte sich, und als das erste Schiff unter der Brücke hindurchglitt, bissen die Abgase in ihre Nasen.

«Wie heißt der Fluss?», fragte Georg.

«Blödmann, das ist kein Fluss, sondern ein Kanal», dozierte Fritz, «der Nord-Ostsee-Kanal.»

«Und wohin fließt der Kanal?», wollte der jüngere Bruder wissen.

«Kanäle sind künstliche Wasserläufe, von Menschen geschaffen», erklärte Hauke, während ihn die beiden Jungs mit großen Augen anschauten. «Der Nord-Ostsee-Kanal verbindet die Nordsee mit der Ostsee, damit die Schiffe nicht ganz um Dänemark herumfahren müssen. Erinnert ihr euch an Dänemark?»

«Nee, kenn ich nicht!», schrie Georg.

«Und die Flüsse?», fragte Fritz.

Hauke holte tief Luft und übernahm die Rolle des Weltenerklärers. «Flüsse sind natürliche Wasserläufe. Die waren schon immer da.»

«Schon immer?», fragte Fritz.

Okay, das war jetzt nicht ganz richtig gewesen. «Nicht schon immer, aber seit sehr langer Zeit. Flüsse suchen sich ihr eigenes Bett, von der Quelle zur Mündung, und der Mensch kann das nur wenig beeinflussen. Es gibt zwar Flussbegradigungen, Staustufen und Deiche, aber im Grunde fließen Flüsse da, wo sie wollen. Sie lassen sich nicht zähmen. Kanäle dagegen sind da, wo der Mensch sie haben will.»

«Dann möchte ich aber lieber Fluss sein und nicht Kanal», erklärte Fritz mit ernstem Gesicht.

«Das wollen wir doch alle», sagte Hauke, lachte und wuschelte seinen Kopf.

Von Osten kommend, näherte sich ein Lastzug, fuhr mit hohem Tempo in Richtung Dithmarschen. Die Räder passierten die erste Dehnungsfuge, es knallte mehrmals kurz nacheinander. Die Brücke erzitterte unter der Last. Reflexartig drehte Hauke sich um, hinter dem Lenkrad blitzte es neongelb. Die zweite Dehnungsfuge knallte, und der Wagen verschwand hinter der nächsten Kurve.

Gute Unterhaltung – auch als Ebook

Unter dem Titel «Rote Männer auf grünen Matten» wurde dieses Buch zu einem Klassiker. Inspiriert durch die amerikanische Hippie-Bewegung zelebriert Ephraim mit den Indianern «Singender Reiher» und «Träumender Bär» das Hochamt der freien Liebe in den Wäldern Nordamerikas.

208 Seiten | Broschur

Midlife-Crisis schon mit Anfang dreißig? Bastian Kramer sehnt sich nach einem Freund fürs Leben und kommt dabei ins Grübeln. Mit trockenem Humor und erstaunlicher Beobachtungsgabe erzählt Naujoks von den Schwierigkeiten bei der Suche nach dem großen Glück. Am Ende kommt doch noch eine frische Brise auf.

176 Seiten | Klappenbroschur

Daniel und Martin heiraten, doch was bedeutet das für die beiden? Martin richtet die Wohnung ein und zahlt die Kredite ab. Daniel fürchtet, seine sexuelle Freiheit zu verlieren. Er kann Geborgenheit nur genießen, wenn sein Hunger auf Sex anderweitig gestillt wird.

224 Seiten | Broschur